Reitabzeichen 6

Autorin:
Ute Schmidt wurde 1965 in Passau geboren. Auf dem elterlichen Anwesen war sie schon als Kind von vielen Tieren umgeben, darunter auch Arbeits- und Kutschpferde.
Unter Aufsicht des gestrengen Großvaters, der Rittmeister war, lernte sie schon von klein auf viel über Aufstallung, Gesunderhaltung und Fütterungstechniken.
Fundierten Reitunterricht bekam sie ab dem zehnten Lebensjahr in Dressur und Springen.

1996 zog sie nach Hamburg, wo sie sich ihren Traum von einer eigenen Reitschule erfüllte. Sie lebt mit ihrer Familie auf einem Resthof im Südosten von Hamburg, wo sie auf ihren Friesenpferden Kinder und Jugendliche unterrichtet.

Illustratorin:
Mirella Sperling

Titelfoto:
Ariane Lange

Bebilderung Rückseite:
Wikipedia

Copyright:
Ute Schmidt, Hamburg
Das Werk ist urheberrechtlich geschützt. Die dadurch begründeten Rechte, insbesondere der Übersetzung, des Nachdrucks, der Entnahme von Abbildungen, der Wiedergabe auf fotomechanischem oder ähnlichem Wege und der Speicherung in Datenverarbeitungsanlagen bleiben, auch bei nur auszugsweiser Verwertung, vorbehalten.

Bisher erschienen:
Reitabzeichen 4   ISBN - Nummer: 9783756215188
Reitabzeichen 5   ISBN - Nummer 9783746092966
Reitabzeichen 7   ISBN - Nummer 9783739207667
Reitabzeichen 8   ISBN - Nummer 9783738637441
Reitabzeichen 9   ISBN - Nummer 9783734793226
Reitabzeichen 10   ISBN - Nummer 9783734761102

Reitabzeichen 10 (englisch) ISBN - Nummer 9783748133483

Pferdeführerschein Umgang ISBN - Nummer 9783750437210
Pferdeführerschein Reiten ISBN - Nummer 9783751984218
Longierabzeichen 5   ISBN - Nummer 9783741237454
Bodenarbeit Teil 1   ISBN - Nummer 9783746050133
Trainerassistent   ISBN - Nummer: 9783750435209

Ergänzendes Übungsmaterial in Form von Smartphone-Apps ist im Google Play Store erhältlich.

ISBN - Nummer: 978-3-7392-4317-7

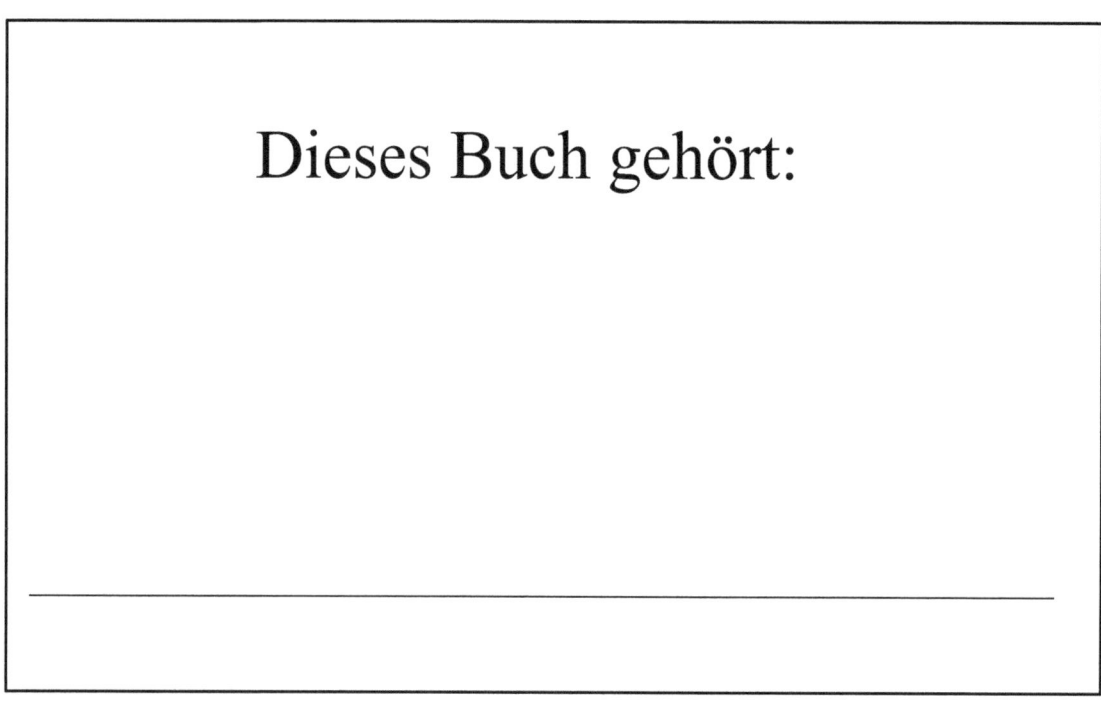

Inhaltsverzeichnis

Kapitel 1: Bodenarbeit 4

Kapitel 2: Hilfsmittel und Hilfszügel 7

Kapitel 3: Bandagen und Gamaschen 10

Kapitel 4: Anatomie des Schädels und Gebissarten 11

Kapitel 5: Grundsitz, leichter Sitz, Springsitz 17

Kapitel 6: Hilfengebung 19

Kapitel 7: Hufschlagfiguren 22

Kapitel 8: Abteilungsreiten 24

Kapitel 9: Gangarten 26

Kapitel 10: Lösearbeit 29

Kapitel 11: Skala der Ausbildung 30

Kapitel 12: Verladen 35

Kapitel 13: Anatomie innere Organe und Skelett 39

Kapitel 14: Geschlechter 41

Kapitel 15: Gesunderhaltung und Krankheiten 42

Kapitel 16: Hufe und Hufschmied 46

Kapitel 17: Haltungsformen 48

Kapitel 18: Stallbau 50

Kapitel 19: Bewegungsflächen 51

Kapitel 20: Futtersorten und Fütterungstechniken 52

Kapitel 21: Die Dreiecksbahn 54

Kombinierte Dressuraufgabe für das RA 6 56

Führaufgabe für das RA 6 57

Praktische Prüfungen für das RA 6 58

Theoretische Prüfungen für das RA 6 59

Impressum 60

Kapitel 1: Bodenarbeit

Was versteht man unter Bodenarbeit?	☐ Bodenarbeit sind Übungen mit dem Pferd, die man zu Fuß ausführt.
Was ist das Ziel der Bodenarbeit?	☐ Das Pferd soll sich willig in Richtung, Gangart und Tempo kontrollieren lassen. Führender und Pferd müssen sich dabei gut verständigen können. Der Führende sieht nach vorne und hält sich gerade.
Welche Ausrüstung benötigt der Führende?	☐ Festes Schuhwerk, Handschuhe und bei Bedarf eine Gerte. Ein Helm ist sinnvoll.
Welche Ausrüstung benötigt das Pferd?	☐ Das Pferd kann mit einem gut sitzenden Stallhalfter und Führstrick mit Karabinerhaken geführt werden. Mehr Einwirkung hat man mit einem gut angepassten Reithalfter. Alternativ kann man auch mit einem Halsring, einem Knotenhalfter oder ganz ohne Hilfsmittel führen.
Welche Hilfen stehen einem beim Führen eines Pferdes zur Verfügung?	☐ Die **Stimmhilfe**, die **Körperhaltung** und die **Führposition**.
Von welcher Seite wird geführt?	☐ Man sollte sich angewöhnen, das Pferd von beiden Seiten zu führen.
Was muss man bei der Führposition beachten?	☐ Üblicherweise führt man in Höhe der Schulter des Pferdes. Je weiter man nach vorne kommt, desto langsamer wird das Pferd und umgekehrt.
Wie lauten die Kommandos zum Anführen und zum Halten?	☐ Zum Anführen wird das Pferd mit einem fröhlichen „**Scheritt**" aufgefordert. Zum Anhalten gibt man das Kommando „**Haaalt**". Dabei kann man durch ein kurzes Ziehen am Führstrick das Pferd auf sich aufmerksam machen. Das Kommando zum Antraben lautet **"Terab"** und wenn man das Pferd Rückwärts richtet, sagt man **"zurück"**.
Wie führt man das Pferd mit Reithalfter?	☐ Die rechte Hand fasst die Zügel dicht unter den Trensenringen und teilt die diese mit Zeige- und Mittelfinger, die linke Hand hält das Ende vom Zügel – oder umgekehrt.

🐴 Wie führt man das Pferd auf gebogenen Linien?	☐ Hier sollte dem Pferd durch die Drehung des eigenen Schultergürtels die Wendung angezeigt werden. Zusätzlich sollte auf der Außenseite des Bogens der Arm des Führenden angehoben werden um auf diese Weise die korrekte Wendung zu unterstützen.
🐴 Wie richtet man ein Pferd korrekt rückwärts?	☐ Das Pferd soll gerade und geschlossen auf einer Linie stehen. Der Führende stellt sich vor das Pferd, nimmt die Zügel in eine Hand und gibt das Kommando "Zurück". Unterstützend kann das Pferd mit der Führgerte an der Brust oder den Vorderbeinen touchiert werden. Es werden drei Tritte rückwärts gerichtet, dann kommt das Pferd wieder zum Halten. Danach stellt sich der Führende wieder neben sein Pferd und führt das Pferd diese drei Tritte wieder vorwärts und hält dann wieder geschlossen an. Der Takt im Rückwärtsrichten ist ein Zweitakt!
🐴 Wie setzt man die Gerte ein?	☐ Die Gerte wird eingesetzt wo üblicherweise der Schenkel liegt. Dazu benötigt man eine etwas längere Gerte.
🐴 Einige Übungen zur Bodenarbeit:	☐ Folgende Übungen sind möglich: • Führen von Punkt zu Punkt in Schritt und Trab • Wenden des Pferdes • Rückwärtsrichten • Führen über Stangen • Führen durch einen Parcours • Führen von Hufschlagfiguren • Tempo innerhalb der Gangarten verändern
🐴 Was muss der Führende sonst noch beachten?	☐ Der Führende schreitet aufrecht und zügig mit dem Pferd. Seine Körperhaltung strahlt Dominanz aus, was das Pferd dann willig folgen lässt.

🐴 Wie ist die gesetzliche Regelung für das Führen eines Pferdes auf der Straße?	☐ Hier gilt die Straßenverkehrsordnung. Der § 28 regelt ausdrücklich, wie sich Pferd und Führender zu verhalten haben.
🐴 Was sagt der Paragraph 28 aus?	☐ Pferde sind nur im Straßenverkehr zugelassen, wenn sie von einer geeigneten Person geführt werden. Das heißt, dass der Führende genug Sachkenntnis und ausreichend Kraft haben muss, um im Notfall auf das Pferd einwirken zu können.
🐴 Wie führt man auf der Straße?	☐ Führende müssen das Pferd auf der Fahrbahn führen - Fuß-und Radwege sind verboten. Wird die Fahrbahn von einer durchgezogenen weißen Linie begrenzt, muss rechts von dieser Linie geführt werden.
🐴 Welche Ausrüstung benötigt das Pferd?	☐ Das Pferd muss mit einem Reithalfter ausgerüstet sein. Führt man das Pferd mit Stallhalfter und Führstrick, kann bei einem Schaden ein Mitverschulden entstehen.
🐴 Was beachtet man in der Dämmerung oder bei schlechter Sicht?	☐ Pferd und Führender müssen ausreichend beleuchtet sein. Vorgeschrieben sind nach vorne und hinten Leuchten mit weißem Licht. Hilfreich sind auch Kleidung oder Decken mit Reflektoren.
🐴 Was ist grundsätzlich im Straßenverkehr verboten?	☐ Pferde, die den Verkehr gefährden, dürfen nicht auf die Straße! Außerdem dürfen Pferde nicht vom Fahrrad oder Auto aus geführt werden. Der Führende darf immer nur **ein** Pferd führen.
🐴 Was ist ein Verband?	☐ Bei einer größeren Gruppe von Führenden, werden immer zwei Pferde nebeneinander geführt. Der Verband darf aber nicht länger als 25 Meter (ca. 6 Pferde) sein.
🐴 Wie verhält man sich bei Schildern und Ampeln?	☐ Pferde gelten als Fahrzeuge - es müssen also alle Verkehrsregeln eingehalten werden. Abwenden wird mit Handzeichen angezeigt.
🐴 Wie quert man eine Straße?	☐ Man wartet eine Lücke im Verkehr ab und quert dann zügig. Bei mehreren Pferden können zwei Führende die Straße absichern.
🐴 Wie begegnet man anderen Verkehrsteilnehmern?	☐ Es wird grundsätzlich im Schritt geführt, genügend Sicherheitsabstand eingehalten und ein freundlicher Umgang gewahrt.
🐴 Und was ist mit "Hinterlassenschaften"?	☐ Bei Pferdeäpfeln handelt es sich um eine Verschmutzung der Straße, die beseitigt werden muss - ansonsten dräut eine Geldstrafe.

Kapitel 2: Hilfsmittel und Hilfszügel

Welche Hilfsmittel gibt es beim Reiten?	☐ Hilfszügel, Gerte und Sporen.
Was gehört in die Kategorie Hilfszügel?	☐ Die wichtigsten sind Ausbinder, Martingal, Dreieckszügel und Laufferzügel.
Wie sehen die Ausbinder aus?	☐ Ausbinder sind zwei Lederriemen, an deren Enden je eine Verschnallung und ein Karabinerhaken sind.
Wie werden Ausbinder angelegt?	☐ Man verschnallt sie an der vorderen Gurtstrippe und hakt den Karabinerhaken in den Trensenring.
Wie wählt man die richtige Länge?	☐ Wenn das Pferd korrekt in die Dehnungshaltung geht, muss die Nasen-Stirn-Linie eine Handbreit vor der Senkrechten stehen.
Wozu braucht man Ausbinder?	☐ Man benutzt sie zum Longieren und bei Reitanfängern welche die Zügelhilfen noch nicht korrekt beherrschen. Mit dem Ausbinder geht das Pferd durch das Genick, wodurch der Rücken des Pferdes geschont wird. Das Pferd lässt sich dann auch leichter aussitzen.
Darf man mit dem Ausbinder auch springen?	☐ Nein, denn das Pferd muss zum Springen den Hals lang machen. Das verhindert ein Ausbinder.
Wann darf man die Hilfszügel verschnallen?	☐ Das Pferd muss erst gelöst werden. Außerdem können Pferde, die stürzen, mit Hilfszügeln schwer wieder aufstehen.

🐴 Wie wird ein Martingal angelegt? *Martingalschieber* *Martingalstopper*	☐ Das Martingal wird zwischen den Vorderbeinen am Sattelgurt befestigt. Dann teilt sich das Martingal in zwei Riemen, an dessen Enden je ein kleiner Metallring ist, durch welchen man dann die Zügel führt. Das Martingal wird mit einem Halsriemen gesichert. Das Martingal passt, wenn die Ringe bis an die Ganasche des Pferdes reichen. Die Martingalschieber am Zügel verhindern ein Verhaken der Ringe an der Zügelschnalle. Mit dem Martingalstopper passt man das Martingal dem Pferd an.
🐴 Wann benutzt man ein Martingal?	☐ Man benutzt es vor allem im Gelände, und es ist der einzige Hilfszügel, mit dem man Springen darf. Es eignet sich gut für Pferde, die sehr temperamentvoll sind.
🐴 Wie legt man einen Dreieckszügel an?	☐ Der Dreieckszügel wird zwischen den Vorderbeinen am Sattelgurt festgemacht. Man muss darauf achten, dass er mittig liegt, damit das Pferd an den Innenseiten der Beine nicht wund gescheuert wird. Danach teilt sich der Dreieckszügel auf, wird durch je einen Trensenring von innen nach außen geführt und an der ersten Gurtstrippe verschnallt. Auch hier gilt: Eine Handbreit vor der Stirnlinie!
🐴 Bei welchen Pferden benutzt man den Dreieckszügel?	☐ Bei Pferden, die in die Vorwärts-Abwärts-Dehnung kommen sollen. Voraussetzung dafür ist eine gute Verbindung der Reiterhand mit dem Pferdemaul, auch Anlehnung genannt.
🐴 Wie verschnallt man einen Laufferzügel?	☐ Die Laufferzügel sind zwei Lederriemen, die an beiden Enden eine Verschnallung haben. Sie werden an der ersten Gurtstrippe befestigt, dann von innen nach außen durch den Trensenring geführt und an der Sattelöse befestigt. Auch hier gilt: Die Nasen-Stirn-Linie muss eine Handbreit vor der Senkrechten sein. Laufferzügel werden eher zum Longieren, als beim Reiten benutzt. Sie machen nur dann Sinn, wenn das Pferd bereits gut trainiert ist und in allen Gangarten und auf beiden Händen sicher in der Dehnungshaltung läuft.

🐴 Wie ist die Wirkung von Laufferzügeln?	☐ Mit dem Laufferzügel trainiert man das Pferd in die Versammlung, also in eine Aufrichtung. Das Dreieck gibt dem Pferd eine seitliche Begrenzung, mehr Stabilität und gibt ihm die Chance, sich an das Gebiss heran zu dehnen. Allerdings kann sich das Pferd im Vergleich zum Dreieckszügel nicht so gut vorwärts-abwärts dehnen, ohne dabei hinter die Nasen-Stirnlinie zu kommen. Je höher also der Laufferzügel eingeschlauft wird, desto weniger lässt er eine Dehnungshaltung zu. Dieser Hilfszügel sollte mit Vorsicht und Sachverstand genutzt werden.
🐴 Was versteht man unter einer Vorwärts-Abwärts-Dehnung?	☐ Bei einer Vorwärts-Abwärts-Dehnung wölbt sich der Hals des Pferdes in Verlängerung der Rückenlinie soweit nach vorne und nach unten, bis die Maulspalte auf Höhe des Buggelenkes ist. Dabei wölbt das Pferd den Rücken nach oben. Die Stirnlinie bleibt dabei etwas vor der Senkrechten. Da diese Aufwölbung für den Rücken des Pferdes sehr gesund ist, sollte man zu Anfang jeder Trainingseinheit diese Vorwärts-Abwärts-Dehnung anstreben. Des weiteren wird so die Balance des Pferdes und die Ausbildung des Rückenmuskels gefördert.
🐴 Wozu benötigt man eine Gerte?	☐ Sie dient zur Unterstützung des treibenden Schenkels und darf niemals zur Bestrafung eingesetzt werden.
🐴 Wo wirkt die Dressurgerte ein?	☐ Dicht hinter dem treibenden Schenkel.
🐴 Wo wirkt die Springgerte ein?	☐ An der Schulter des Pferdes.
🐴 Wie sind die korrekten Längen der Gerten?	☐ Die Dressurgerte ist 1,20 m lang, die Springgerte dagegen 0,75 m.
🐴 Wozu braucht man Sporen?	☐ Sie unterstützen den treibenden Schenkel.
🐴 Wann darf man Sporen benutzen?	☐ Wenn der Grundsitz des Reiters so ruhig ist, dass er seine Füße gut unter Kontrolle hat.

Kapitel 3: Bandagen und Gamaschen

🐴 Wozu benötigt man Bandagen und Gamaschen?	☐ Sie schützen die Pferdebeine vor Prellungen, Stauchungen und Verletzungen.
🐴 Worauf achtet man beim Anlegen einer Bandage? **Beschrifte: Welches ist die Gamasche und welches ist die Bandage?**	☐ Man wickelt die Bandage von vorne nach hinten an, beginnend innen in der Mitte des Röhrbeines. Man wickelt erst nach unten, dann wieder nach oben. Sie muss faltenfrei gewickelt werden und darf nicht zu locker oder zu eng sitzen. Das Sprung- bzw. Vorderfußwurzelgelenk darf nur bis zum Gelenkspalt umwickelt werden. Beim Fesselgelenk wird ca. die Hälfte des Fesselkopfes umwickelt. Der Verschluss ist oben und außen am Bein und zeigt nach hinten. Dazu muss die Bandage schon vorher korrekt aufgewickelt sein. Vorher gründlich putzen! Im Gelände sind Bandagen verboten!
🐴 Was beachtet man beim Anlegen einer Gamasche?	☐ Gamaschen gibt es aus Kunststoff oder aus Leder. In jedem Fall müssen sie dem Pferd genau angepasst werden. Sie sind leichter und schneller anzulegen als Bandagen.
🐴 Welche Arten von Gamaschen gibt es noch?	☐ Für das Verladen gibt es besondere Gamaschen. Sie sollen das Pferdebein vor Prellungen und Verletzungen beim Ein- und Ausladen schützen.
🐴 Was sind Springglocken?	☐ Springglocken werden am Fesselgelenk befestigt und schützen das Pferd vor einem Ballen- bzw. Kronentritt.
🐴 Was ist ein Ballentritt?	☐ Beim Ballentritt verletzt sich das Pferd, indem es mit dem Hinterhuf so weit vorgreift, dass es sich selbst in den Ballen des Vorderhufes tritt.
🐴 Was ist ein Kronentritt?	☐ Beim Kronentritt verletzt sich das Pferd, indem es sich mit dem einen Vorder- bzw. Hinterhuf auf die Krone des parallelen Hufes tritt.
🐴 Wie pflegt man Bandagen und Gamaschen?	☐ Ledergamaschen werden mit Lederseife und Lederfett gepflegt. Kunststoffgamaschen werden mit Wasser und Bürste gereinigt. Bandagen können in der Waschmaschine gewaschen werden.

Kapitel 4: Anatomie des Schädels und Gebissarten

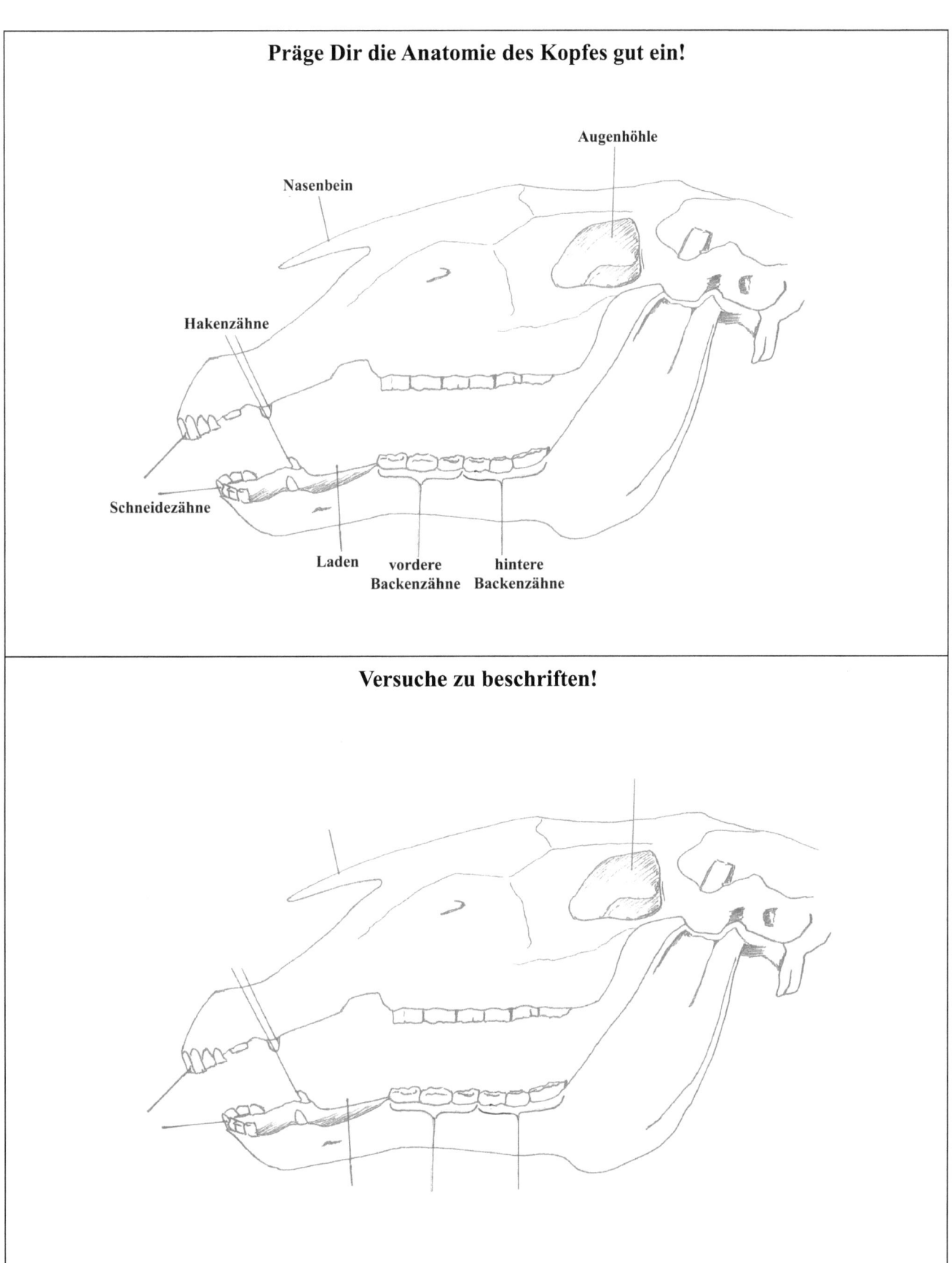

Präge Dir die verschiedenen Gebissarten gut ein!

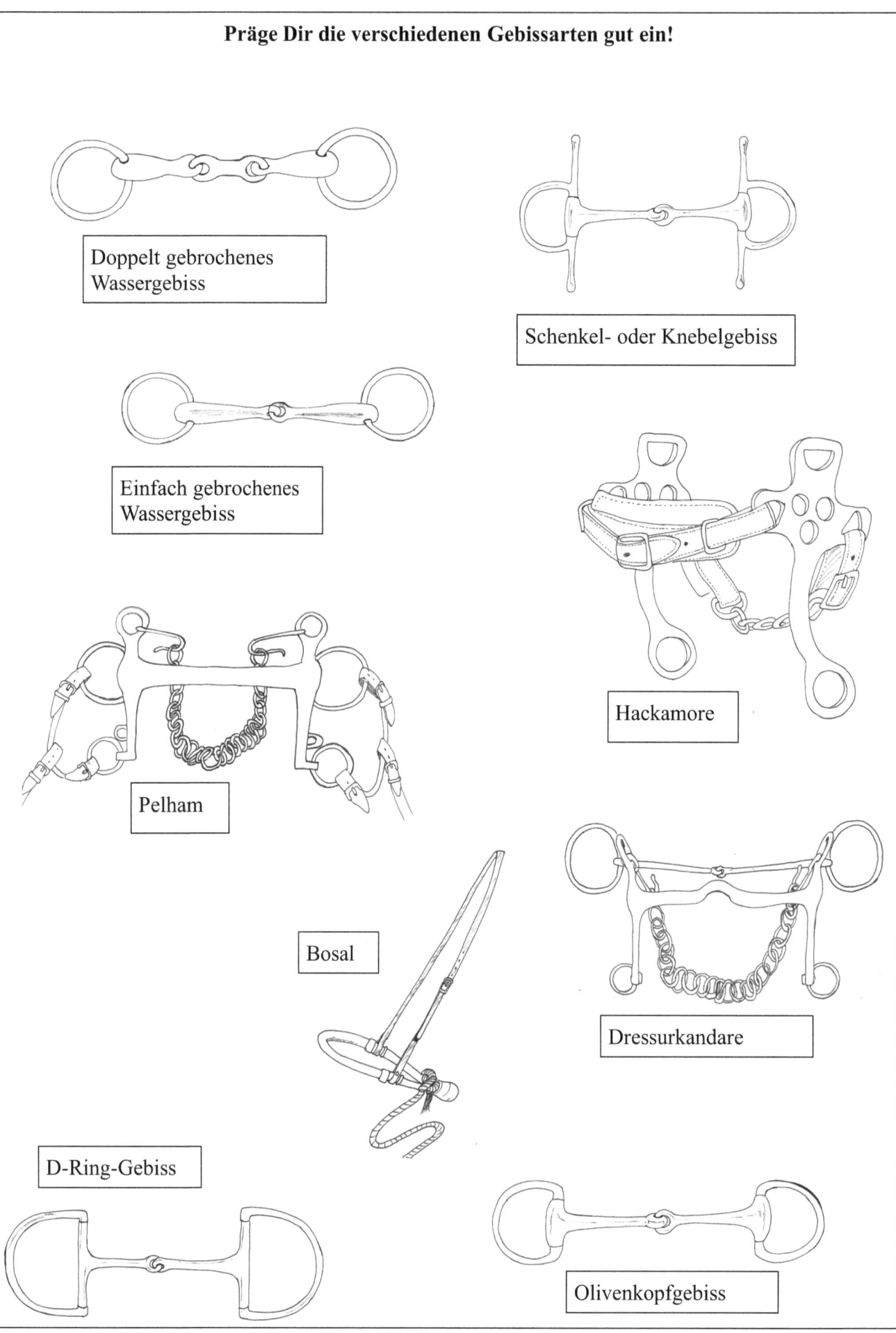

Versuche zu beschriften!

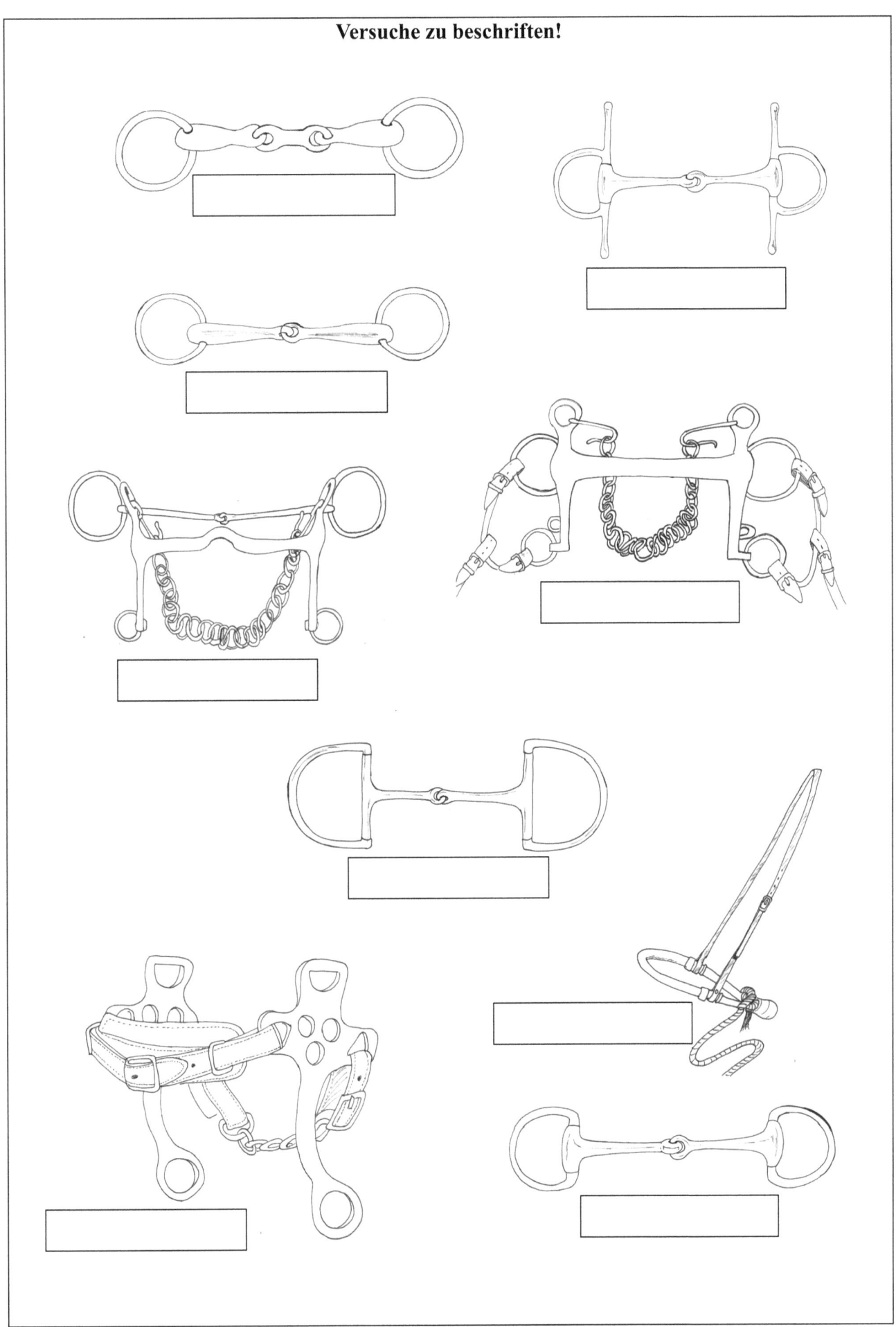

🐴 Wie sieht das einfach gebrochene Gebiss aus und wie wirkt es?	☐ Das einfach gebrochenes Gebiss, welches man auch Wassertrense nennt, hat zwei gleich lange Gebissteile, die über ein bewegliches Gelenk miteinander verbunden sind. Außen hat es zwei freilaufende Ringe. Das Gebiss wirkt hauptsächlich auf die Zunge, aber auch auf den Gaumen.
🐴 Wie sieht das doppelt gebrochene Gebiss aus und wie wirkt es?	☐ Das doppelt gebrochenes Gebiss hat drei Gebissteile, die beweglich miteinander verbunden sind. Das mittlere Teil ist kürzer als die beiden äußeren Teile. Außen hat es zwei freilaufende Ringe. Dieses Gebiss wirkt weniger auf den Gaumen, dafür mehr auf die Laden des Pferdemauls.
🐴 Wie sieht das Olivenkopfgebiss aus und wie wirkt es?	☐ Bei dem Olivenkopfgebiss laufen die Enden in breite, olivenförmige Enden aus, die unbewegliche sind. Das schont die Maulwinkel des Pferdes und das Gebiss kann nicht so leicht durch das Maul gezogen werden.
🐴 Wie sieht das Schenkel- oder Knebelgebiss aus und wie wirkt es?	☐ Dieses Gebiss wirkt ähnlich wie ein Olivenkopfgebiss und kann nicht durch das Maul gezogen werden. Es schont aber nicht so gut die Maulwinkel. Auch hier gibt es die Variante mit freilaufendem Ring.
🐴 Wie sieht das D-Ringgebiss aus und wie wirkt es?	☐ Bei dem D-Ring-Gebiss ist der Ring zum Maul hin wie der Buschstabe D abgeflacht. Auch hier ist ein Durchziehen des Gebisses durch das Maul kaum möglich. Für dieses Gebiss braucht der Reiter eine ruhige Hand.

🐴 Was ist eine Kandarenzäumung?	☐ Eine Kandarenzäumung ist eine Kombination aus zwei Gebissen, wobei eines der Gebisse mit Hebelwirkung arbeitet. Diese Hebel bezeichnet man als „Anzüge". Nur im Springsport entfällt das zweite Gebiss.
🐴 Wie sieht eine Dressurkandare aus und wie wirkt sie?	☐ Bei der Dressurkandare hat man immer zwei Gebisse. Zum einen ein **Stangengebiss**, also ein **Gebiss ohne Gelenk** und eine sogenannte Unterlegtrense. Die Unterlegtrense ist eine relativ dünne Wassertrense oder ein doppelt gebrochenes Gebiss. Auch die Trensenringe sind deutlich kleiner. Die Kandare drückt auf den Laden, übt Druck auf den Unterkiefer und das Genick aus. **Merke:** Dressurkandaren gehören nicht in die Hände von Anfängern!
🐴 Wie sieht eine Springkandare aus und wie wirkt sie?	☐ Springkandaren sind entweder Stangengebisse oder gebrochene Gebisse. Diese Stangengebisse bezeichnet man als Pelham. Das Pelham vereint sowohl die Wirkung einer Kandare als auch die einer Unterlegtrense, die hier immer entfällt. Es hat eine Kinnkette und Anzüge wie eine normale Kandare. Die Wirkung ist auch hier wie oben beschrieben. **Merke:** Springkandaren gehören nicht in die Hände von Anfängern!
🐴 Was gibt es noch für Besonderheiten bei Gebissen?	☐ Es gibt Gebisse mit verschiedenen Geschmacksrichtungen wie Apfel oder Karotte. Außerdem gibt es Gebisse, mit sogenannten Spielern, also kleinen Rädchen im Mittelteil. Diese Varianten werden bei Pferden eingesetzt, die man zur Kautätigkeit anregen möchte.
🐴 Was ist eine gebisslose Zäumung?	☐ Bei Pferden, die ein Gebiss nicht oder schlecht akzeptieren, kann man mit gebisslosen Zäumungen arbeiten. Diese Zäumungen wirken durch Druck auf das Nasenbein.

🐴 Wie sieht ein mechanisches Hackamore aus und wie wirkt es?	☐ Das mechanische Hackamore hat einen breiten Lederriemen über der Nase, der mit Metallanzügen kombiniert wird. So entsteht Druck auf das Nasenbein.
🐴 Wie sieht ein Bosal aus und wie wirkt es?	☐ Beim Bosal hat das Pferd nur einen fest geflochtenen Nasenring welcher ebenfalls Druck auf das Nasenbein ausübt. Die Metallanzüge entfallen hier.
🐴 Wie findet man die richtige Gebissgröße?	☐ Bei freilaufenden Trensenringen gibt man auf jeder Seite noch 1 cm dazu, da sie sonst seitlich die Haut des Pferdemauls einklemmen. Gebisse mit festem Ring werden genau passend ausgemessen. Die Gebissstärke wird an den Enden des Gebisses gemessen. Bei Großpferden müssen sie mindestens 14 mm dick sein, bei Ponys mindestens 10 mm. Bei Kandarenzäumung muss die Stange mindestens 14 mm und das Unterleggebiss mindestens 10 mm betragen.
🐴 Wählt man nun Gebisse mit festen oder freilaufenden Ringen?	☐ **Merke:** Ein freilaufender Ring gleicht die unruhige Reiterhand, bzw. einen unruhigen Pferdekopf aus!

Zur Erinnerung:
Wenn man dem Pferd ein Reithalfter anpasst, darf der Nasenriemen maximal zwei fingerbreit unter dem Jochbein liegen. Beim Gebiss sollen maximal ein bis zwei Maulfalten sichtbar sein.

Kapitel 5: Grundsitz, leichter Sitz, Springsitz

🐴 Wie sieht der Reiter aus, wenn er im Grundsitz reitet?	☐ Der Oberkörper ist aufgerichtet, die Schulterblätter sind leicht zurückgenommen. Der Blick geht geradeaus, die aufgestellten Fäuste bilden eine Gerade mit dem Ellbogen und dem Pferdemaul. Der Absatz ist der tiefste Punkt und bildet mit Hüfte und Schulter eine Senkrechte.
🐴 Wie sieht der Reiter aus, wenn er im leichten Sitzes reitet?	☐ Der Oberkörper ist ganz leicht vor der Senkrechten, der Po hat noch leichten Kontakt zum Sattel. Der Absatz bleibt tief und die Hand geht leicht nach vorne. Der Zügel darf dabei aber nicht durchhängen!
🐴 Wie sieht der Reiter aus, wenn er im Springsitz reitet?	☐ Der Oberkörper geht etwas mehr vor die Senkrechte und der Po hat fast keinen Kontakt mehr zum Sattel. Die Hände schmiegen sich etwas tiefer an den Pferdehals. Ansonsten bleibt auch hier alles wie im Grundsitz.
🐴 Welche Gelenke müssen beim Reiten locker sein?	☐ Kopfgelenk, Kiefergelenk, Schultergelenk, Ellbogen, Handgelenk, Hüftgelenk, Mittelpositur, Kniegelenk und Fußgelenk.
🐴 Was ist noch viel wichtiger als ein korrekter Sitz?	☐ Wichtiger ist es, dass der Reiter losgelassen und geschmeidig auf dem Pferd sitzt. **Merke:** Ist der Reiter angespannt, wird sich auch das Pferd nicht lösen.
🐴 Warum ist ein geschmeidiger Sitz so wichtig?	☐ Nur wer losgelassen und geschmeidig auf dem Pferd mitschwingt, ist in der Lage, die Zügel-, Schenkel- und Gewichtshilfen korrekt einzusetzen.

🐴 Wann reitet man im Grundsitz?	☐ Der Grundsitz wird vor allem für die Dressuraufgaben gebraucht.
🐴 Wann reitet man im leichten Sitz?	☐ Der leichte Sitz entlastet den Pferderücken. Deshalb kann man ihn zur Lösearbeit als auch zum Reiten über Stangen und Bodenricks und zum Bergauf- und Bergabreiten verwenden. Er wird auch bei jungen oder rückenempfindlichen Pferden gebraucht.
🐴 Wann reitet man im Springsitz?	☐ Den Springsitz braucht man zum Springen oder im höheren Galopptempo. Er gibt dem Pferd maximale Rückenfreiheit.
🐴 Bei welchen Gelegenheiten muss man aus dem leichten Sitz oder Springsitz wieder in den Grundsitz zurück?	☐ Man kann auch im leichten Sitz und im Springsitz die Hilfen geben. Allerdings sollte man vor und nach dem Sprung wieder in den Grundsitz gehen, um dem Pferd deutlich die Hilfen geben zu können.
🐴 Wie wird die Bügellänge in den einzelnen Möglichkeiten gewählt?	☐ Für den Springsitz sollte man die Bügel etwa 2 - 3 Loch kürzer Stellen. Die Länge der Steigbügel ist bei jedem Reiter individuell.
🐴 Präge Dir alle Gelenke gut ein.	☐ Versuche alle Gelenke zu beschriften.

Kiefergelenk, Kopfgelenk, Schultergelenk, Mittelpositur, Ellbogengelenk, Hüftgelenk, Handgelenk, Kniegelenk, Fußgelenk

Kapitel 6: Hilfengebung

Welche Arten von Hilfen gibt es und wie werden sie nach ihrer Wichtigkeit sortiert?	☐ Man unterteilt Gewichtshilfen, Schenkelhilfen und Zügelhilfen. Dabei ist die Gewichtshilfe am wichtigsten, gefolgt von der Schenkelhilfe. Die Zügelhilfe sollte nie ohne die anderen Hilfen eingesetzt werden.
Wie lauten die Zügelhilfen?	☐ Sie lauten: • an- und nachgebende Zügelhilfe • verwahrende Zügelhilfe • durchhaltende Zügelhilfe
Was ist die Aufgabe des annehmenden und nachgebenden Zügels?	☐ Diese Zügelhilfen sind untrennbar miteinander verbunden. Wenn man die Zügel annimmt, müssen sie auch gleich wieder nachgegeben werden. Diese Hilfe wird für ganze und halbe Paraden gebraucht. Die Kunst ist es, die Zügel nie rückwärts zu ziehen, denn Druck erzeugt immer Gegendruck!
Was ist die Aufgabe des verwahrenden Zügels?	☐ Der verwahrende Zügel sorgt auf gebogenen Linien dafür, dass das Pferd mit dem inneren Zügel gestellt werden kann. Ist das Verwahren zu starr, verwirft sich das Pferd im Genick, ist es zu schwach, wird das Pferd zu sehr gestellt.
Was ist die Aufgabe des durchhaltenden Zügels?	☐ Beim durchhaltenden Zügel wird nach dem Annehmen nicht sofort nachgegeben. Das Pferd soll dadurch im Genick nachgeben. Das funktioniert nur, wenn man dabei auch gut vorwärts treibt.
Wie lauten die Schenkelhilfen?	☐ Sie lauten: • vorwärtstreibende Schenkelhilfe • verwahrende Schenkelhilfe • vorwärts-seitwärtstreibende Schenkelhilfe
Wo liegt der Schenkel bei der vorwärtstreibenden Schenkelhilfe?	☐ Er liegt direkt am Sattelgurt.
Wo liegt der Schenkel bei der verwahrenden Schenkelhilfe?	☐ Hier liegt er eine Handbreit hinter dem Sattelgurt.
Wo liegt der Schenkel bei der vorwärts-seitwärtstreibenden Schenkelhilfe?	☐ Hier liegt er kurz hinter dem Sattelgurt.
Was ist die Aufgabe des vorwärtstreibenden Schenkels?	☐ Der vorwärtstreibende Schenkel ermuntert das Pferd dazu, vorwärts zu gehen oder sich zur Seite zu biegen. Es sollte sich im besten Fall um den Schenkel biegen.

🐴 Was ist die Aufgabe des verwahrenden Schenkels?	☐ Der verwahrende Schenkel sorgt dafür, dass das Pferd sich auf einer gebogenen Linie nicht mit der Kruppe nach außen drückt. Der verwahrende Schenkel muss aus der Hüfte gegeben werden. Ein Hochziehen des Beins ist falsch.
🐴 Was ist die Aufgabe des vorwärts-seitwärtstreibenden Schenkels?	☐ Diese Hilfe wird gebraucht, wenn das Pferd sowohl vorwärts, als auch seitwärts gehen soll. Zum Beispiel bei Seitengängen oder einer Vorhandwendung.
🐴 Wie lauten die Gewichtshilfen?	☐ Sie lauten: • beidseitig belastende Gewichtshilfe • einseitig belastende Gewichtshilfe • entlastende Gewichtshilfe
🐴 Was ist der Sinn der beidseitig belastenden Gewichtshilfe?	☐ Die beidseitig belastende Gewichtshilfe soll das Pferd dazu bringen, die Hinterbeine weiter unter den Bauch zu setzen und so das Tempo zu verstärken.
🐴 Was ist der Sinn der einseitig belastenden Gewichtshilfe?	☐ Die einseitig belastende Gewichtshilfe braucht man auf allen gebogenen Linien. Das Pferd wird versuchen, dieser Gewichtsverlagerung nachzulaufen.
🐴 Was ist der Sinn der entlastenden Gewichtshilfe?	☐ Die entlastende Gewichtshilfe benötigt man bei jungen oder rückenempfindlichen Pferden oder beim Rückwärtsrichten. Damit wird der Pferderücken leicht entlastet.
🐴 Erkläre den Begriff Stellung!	☐ Bei einer Stellung wendet das Pferd seinen Kopf im Genick entweder zur linken oder rechten Seite. Dabei wird der Hals kaum gebogen und der Rest des Pferdekörpers bleibt gerade.
🐴 Erkläre den Begriff Biegung!	☐ Nur wenn das Pferd entsprechend gestellt ist, kann es sich auch biegen. Hier wird beim Pferd die gesamte Längsachse gekrümmt. Dies passiert nicht gleichmäßig, denn die einzelnen Wirbel sind unterschiedlich beweglich. So sind die Halswirbel sehr beweglich, aber die Brustwirbel schon weniger und die Kreuzwirbel sind starr. Deshalb ist es wichtig das Pferd im Rippenbereich zu biegen. Man wickelt sich das Pferd sozusagen um das Reiterbein! **Merke:** Es gibt keine Biegung ohne Stellung, während Stellung ohne Biegung durchaus möglich ist.

🐴 Wie funktioniert die diagonale Hilfengebung?

☐ Eine diagonale Hilfengebung ist das gefühlvolle und aufeinander abgestimmte Einwirken des linken Schenkels und des rechten Zügels und umgekehrt. Dabei treibt der jeweils innere Schenkel das Pferd gegen den verwahrenden äußeren Zügel. Der äußere Zügel sorgt dafür, dass das Pferd begrenzt wird und nicht über die Schulter ausfällt. Der äußere verwahrende Schenkel lässt die Biegung zu und begrenzt das Pferd. Dabei darf die Vorwärtsbewegung nicht verloren gehen. Der innere Zügel sorgt durch weiches Annehmen und Nachgeben für eine korrekte Stellung des Pferdes nach innen. Der innere Gesäßknochen wird dabei vermehrt belastet.

Beschrifte mit folgenden Begriffen:
2 x Diagonale, 2 x verwahren, stellen, treiben

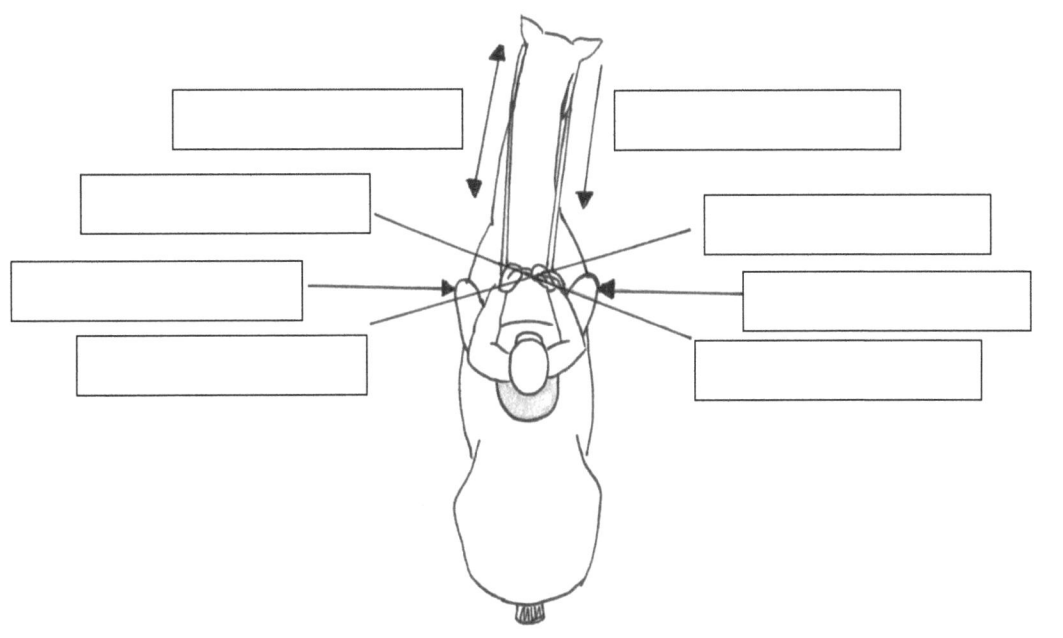

🐴 Wie reitet man eine Vorhandwendung mit den korrekten diagonalen Hilfen?

☐ Man kann die diagonale Hilfengebung gut an einer Vorhandwendung oder einer Volte üben. Eine Vorhandwendung wird immer aus dem Halten geritten. Dabei soll das Pferd geschlossen auf dem zweiten Hufschlag stehen. Das Pferd soll nun eine 180 Grad-Wendung vollführen. Dazu benötigt man die diagonale Hilfengebung. Der innere Zügel stellt das Pferd zur Bande, wobei der innere seitwärtstreibende Schenkel die Hinterhand um die Vorderhand herum treibt. Der äußere verwahrende Zügel sorgt dafür, dass das Pferd nicht zu sehr gestellt wird. Der äußere verwahrende Schenkel sorgt dafür, dass das Pferd nicht eilig wird, sondern die Übung Schritt für Schritt ausführt. Dabei muss der innere Hinterfuß vor und über den äußeren treten. Der äußere Vorderfuß tritt auf einem kleinen Halbkreis um das innere Vorderbein herum. Das Gewicht wird einseitig nach innen verlagert. Um ein Rückwärtstreten zu vermeiden, muss der Reiter gut einsitzen, angemessen nach vorne treiben und mit einer halben Parade entgegen wirken.

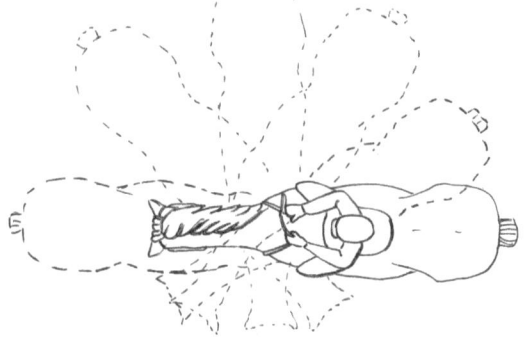

Kapitel 7: Hufschlagfiguren

Was sind Hufschlagfiguren?	☐ Hufschlagfiguren sind Dressurübungen, die man möglichst korrekt ausführt und dabei auch die richtigen Hilfen einsetzt.
Wozu benötigt man die Buchstaben und Punkte an den Seiten des Dressurvierecks?	☐ Sie dienen zur Orientierung.
Wie heißen die Buchstaben in der richtigen Reihenfolge?	☐ C M B F A K E H
Wo befinden sich die Mittellinie und die Viertellinien?	☐ Die Mittellinie halbiert das Dressurviereck der Länge nach, also zwischen C und A. Die Viertellinien verlaufen zwischen den Ecken des Vierecks und den Punkten C und A.
Wo befindet sich X?	☐ X befindet sich genau in der Mitte des Platzes.
Wie groß ist der Bogen bei einer einfachen Schlangenlinie?	☐ An seinem höchsten Punkt wird der Bogen 5 Meter zur Mitte der Bahn geritten.
Wie groß sind die Bögen bei einer doppelten Schlangenlinie?	☐ An ihrem höchsten Punkten werden die Bögen 2,5 Meter zur Mitte der Bahn geritten.
Wie groß sind die verschiedenen Volten?	☐ Volten gibt es mit einem Durchmesser von 8 und 10 Metern. Das hängt von der Klasse ab, die man reitet.
Welche Klassen gibt es beim Reiten?	☐ Es gibt folgende Klassen: • Klasse E (Einsteiger) • Klasse A (Anfänger) • Klasse L (Leicht) • Klasse M (Mittelschwer) • Klasse S (Schwer)
Folgende Hufschlagfiguren solltest Du Dir gut einprägen:	☐ Sie lauten: • Ganze Bahn • Durch die ganze Bahn wechseln • durch die halbe Bahn wechseln • Zirkel • Aus dem Zirkel wechseln • einfache und doppelte Schlangenlinie • durch die Länge der Bahn wechseln

Versuche, alle Buchstaben, Punkte, Linien und Bahnfiguren einzumalen!

Kapitel 8: Abteilungsreiten

🐴 Was bedeutet der Begriff „Abteilungsreiten"?	☐ Wenn der Reiter die Sitzschulung an der Longe erfolgreich beendet hat, kann er in einer Abteilung, das heißt mit mehreren Reitern hintereinander in der Bahn reiten.
🐴 Was ist das Ziel des Abteilungsreitens?	☐ Hier lernt der Reiter, korrekte Abstände zu halten, die Bahnfiguren richtig zu reiten und dem Pferd die nötigen Hilfen dafür zu geben.
🐴 Wer reitet ganz vorne?	☐ Der vorderste Reiter wird als „Tête" bezeichnet. Das ist französisch und bedeutet „Kopf". An der Tête reitet jemand, der schon ein wenig Erfahrung und sein Pferd gut im Griff hat.
🐴 Was muss die „Tête" beachten?	☐ Die Tête bestimmt Tempo und Richtung und sorgt dafür, dass die Gruppe zusammen bleibt.
🐴 Was muss jeder einzelne Reiter der Abteilung beachten?	☐ Am wichtigsten ist es für jeden Reiter auf den Sicherheitsabstand zu achten damit es zu keinen Unfällen kommt wenn sich z.B. die Pferde nicht so gut vertragen.
🐴 Wie kann ich meinen Abstand zum Vordermann gut abschätzen?	☐ Sitzt man gerade auf dem Pferd, das gut durch das Genick geht, sollte man die Fesselgelenke des vorderen Pferdes durch die Ohren des eigenen Pferdes sehen können.
🐴 Worauf kommt es in einer Abteilung an?	☐ Jeder Reiter innerhalb einer Abteilung soll die Dressurübungen so reiten, als würde er sie allein reiten. Auf keinen Fall sollte man blindlings dem Vordermann folgen und eventuell die gleichen Fehler nachreiten. Zum Beispiel ist das Abkürzen der Ecken ein sehr unschöner Fehler.
🐴 Wie kann man die Aufmerksamkeit des eigenen Pferdes innerhalb einer Gruppe erlangen?	☐ Man fordert das Pferd immer wieder durch halbe Paraden auf, sich auf den eigenen Reiter zu konzentrieren.

🐴 Wie geht man mit Kommandos um?	☐ Kommandos gibt es als Ankündigungs- oder Ausführungskommandos. Auf jeden Fall sollte man als Reiter gut zuhören und den Kommandos zügig Folge leisten.
🐴 Folgende Kommandos sollte man kennen:	☐ Sie lauten: • Abteilung Scheritt, Terab, Galopp auf linker/rechter Hand, Marsch • Abteilung Halt • Auf den Zirkel geritten • Aus dem Zirkel wechseln • Einfache Schlangenlinie • Durch die ganze Bahn wechseln • Durch die halbe Bahn wechseln • Durch die Länge der Bahn wechseln • Abteilung rechts/links brecht ab, rechts/links marschiert auf, Marsch
🐴 Und was muss man bei einer Prüfung bedenken?	☐ Bei Prüfungen werden zu Beginn und am Ende der Prüfung die Richter gegrüßt. Dies geschieht mit einem kurzen Gruß der rechten Hand und einem dazu passenden kurzen Nicken des Kopfes. Zügel und Gerte bleiben dabei in der linken Hand.

Nummeriere und male die Reihenfolge bei folgenden Aufstellungen. Starte bei C auf linker Hand:

Links brecht ab, rechts marschiert auf   **Links brecht ab, links marschiert auf**

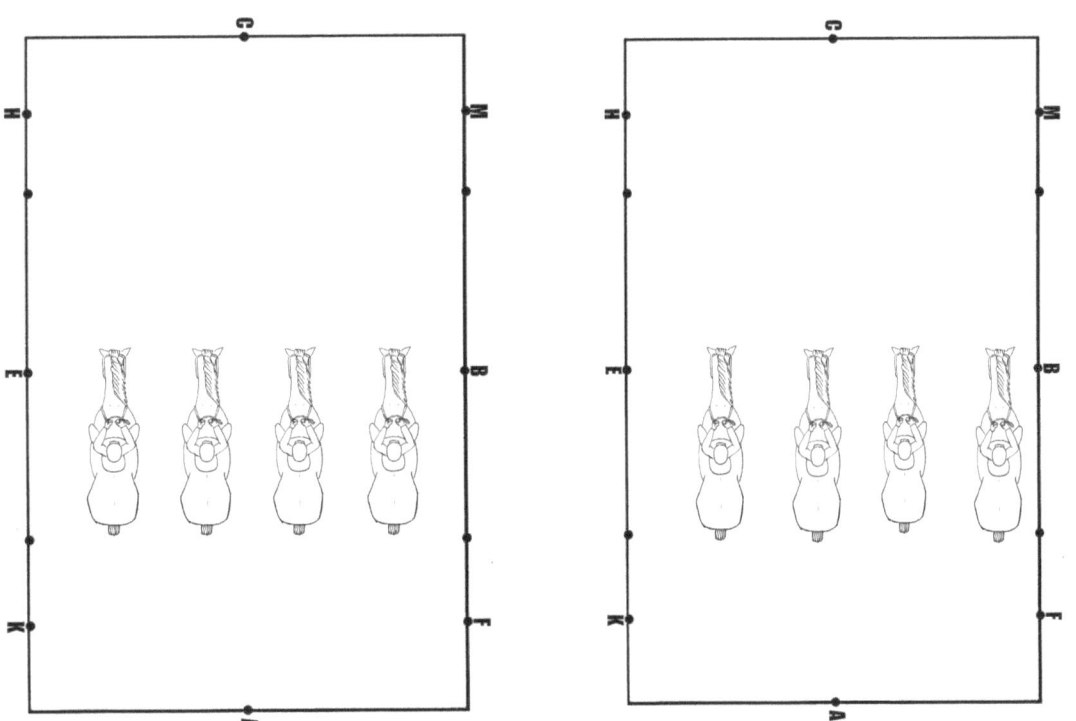

Kapitel 9: Gangarten

🐴 Was sind die Grundgangarten des Pferdes?	☐ Schritt, Trab und Galopp.
🐴 Wie ist der Takt im Schritt?	☐ Im Schritt hört man einen Viertakt.
🐴 Wie ist die Fußabfolge im Schritt?	☐ Alle vier Pferdebeine bewegen sich einzeln nach vorne. Zum Beispiel: Vorne links, hinten rechts, vorne rechts, hinten links.
🐴 Wie ist der Takt im Trab?	☐ Im Trab hört man einen Zweitakt.
🐴 Wie ist die Fußfolge im Trab?	☐ Im Trab bewegen sich die diagonalen Beinpaare im Wechsel nach vorne. Zum Beispiel: Vorne links und hinten rechts gleichzeitig, danach vorne rechts und hinten links gleichzeitig. Dazwischen liegt immer eine Schwebephase.
🐴 Wie ist der Takt im Galopp?	☐ Im Galopp hört man einen Dreitakt.
🐴 Wie ist die Fußabfolge im Galopp?	☐ Je nachdem, ob das Pferd im Rechts- oder Linksgalopp läuft, bewegen sich die Beine wie folgt: Linksgalopp: rechter Hinterfuß, dann linker Hinterfuß zusammen mit rechtem Vorderfuß, dann linker Vorderfuß. Schwebephase. Umgekehrt gilt dies dann für den Rechtsgalopp.

Auf welcher Hand galoppiert denn dieses Pferd?	
🐴 Was ist ein Handgalopp?	☐ Reitet man auf der rechten Hand, so sollte das Pferd auch in einem Rechtsgalopp angaloppieren und umgekehrt. Das ist dann der sogenannte Handgalopp. Man bezeichnet ihn auch als Innengalopp.
🐴 Was ist ein Außengalopp?	☐ Im Grunde ist der Außengalopp das Gegenteil vom Handgalopp. Reitet man auf der rechten Hand und das Pferd galoppiert auf der linken Hand an – oder umgekehrt, so bezeichnet man dies als Außengalopp. In höheren Dressurprüfungen wird dies auch verlangt.
🐴 Was ist ein Kreuzgalopp?	☐ Beim Kreuzgalopp läuft das Pferd vorne im Linksgalopp und hinten im Rechtsgalopp, oder umgekehrt. Dies ist für das Pferd schädlich und auch für den Reiter unangenehm zu sitzen.
🐴 Was ist eine Schwebephase?	☐ Die Schwebephase ist der Moment, in dem kein einziges Pferdebein den Boden berührt. Dies ist nur im Trab und im Galopp möglich.
🐴 **Ergänze:** Schwebephase im _____	☐ **Ergänze:** Schwebephase im _____

🐴 Was versteht man unter dem Begriff „Tempo"?	☐ Damit wird das Verlängern oder Verkürzen der Schritte, Trabtritte oder Galoppsprünge bezeichnet.
🐴 Wie kann man das Tempo beeinflussen?	☐ Das Tempo ergibt sich aus dem Fleiß, mit dem das Pferd die Hinterbeine unter den Bauch setzt.
🐴 Was bedeutet der Begriff „Einfußen"?	☐ Damit ist das Aufsetzen des jeweiligen Hinterhufes in den Abdruck des jeweiligen Vorderhufes gemeint. Je mehr ein Pferd einfußt, desto höher ist sein Tempo und sein Fleiß. Beim Überfußen tritt das Pferd sogar über den Abdruck des Vorderhufes. Wenn ein Pferd abfußt, ist damit gemeint, dass es sich energisch vom Boden abdrückt und so der Schwung erhöht wird.
🐴 Was sind Spezialgangarten?	☐ Die bekanntesten sind Pass oder Tölt. Gangpferde, wie z.B. Isländer beherrschen solche Gangarten sehr gut.

Nummeriere die Abfolge der Tritte in den verschiedenen Gangarten!

Schritt	Trab	Linksgalopp	Rechtsgalopp

Kapitel 10: Lösearbeit

Was bedeutet der Begriff „lösen"	☐ Das Pferd ist „gelöst" wenn der Kreislauf angeregt ist, die Muskeln erwärmt sind und das Pferd dadurch unverkrampft und zufrieden mitarbeitet.
Wie kann man ein Pferd lösen?	☐ Anfangs reitet man ein paar Runden Schritt am hingegebenen Zügel. Dann geht es weiter am langen Zügel mit gebogenen Linien und Leichttrab. Arbeitsgalopp und häufige Handwechsel runden die Lösearbeit ab.
Warum ist das Lösen so wichtig?	☐ Arbeitet man mit einem ungelösten Pferd, kann es zu Sehnenverletzungen, Muskelfaserrissen und sogar Bänderrissen kommen. **Merke:** Das Lösen darf niemals ausfallen!
Woran erkennt man, ob ein Pferd bereits gelöst ist?	☐ Ein gut gelöstes Pferd geht in Dehnungshaltung, kaut auf dem Gebiss, schnaubt, und der Schweif pendelt locker bei jedem Schritt.
Wie sieht eine Dehnungshaltung aus?	☐ Das Pferd dehnt sich vorwärts-abwärts, bis das Maul auf Höhe des Buggelenks ist. Dadurch wird der Rücken des Pferdes nach oben gewölbt, was dazu führt, dass man das Pferd leichter sitzen kann.
Wie kann man kontrollieren, ob das Pferd gut gelöst ist?	☐ Man gibt die Zügel für ein paar Sekunden nach vorne - man nennt das auch "überstreichen". Auch wenn der Kontakt für kurze Zeit unterbrochen ist, sollte das Pferd in der Dehnungshaltung bleiben.

Kapitel 11: Skala der Ausbildung

🐴 Was ist die Skala der Ausbildung?	☐ Die Skala der Ausbildung ist eine Richtschnur zur Ausbildung des Pferdes, sowohl an der Longe als auch unter dem Reiter.
🐴 Was beinhaltet die Skala der Ausbildung?	☐ Die Skala der Ausbildung beinhaltet verschiedene Lern- bzw. Trainingsziele die zu einem perfekten Zusammenspiel von Pferd und Reiter führen.
🐴 Die erste Stufe ist der Takt. Was bedeutet Takt?	☐ Takt ist das Gleichmaß der Bewegung des Pferdes.
🐴 Wie erreiche ich den Takt beim Pferd?	☐ Takt entsteht durch vorwärtstreibende Gewichts- und Schenkelhilfen und einer gleich bleibenden Anlehnung an den Zügel.
🐴 Die zweite Stufe ist die Losgelassenheit. Woran erkenne ich, dass mein Pferd losgelassen ist?	☐ Das Pferd geht in die Dehnungshaltung, der Schweif pendelt locker, es schnaubt, kaut auf dem Gebiss und macht einen zufriedenen Eindruck. Der Rücken schwingt frei und das Pferd lässt sich somit besser aussitzen.
🐴 Wie erreiche ich, dass das Pferd losgelassen ist?	☐ Das Pferd wird sich nur lösen, wenn der Reiter ausgeglichen ist und auch in kritischen Situationen die Ruhe bewahrt. Wir beachten, dass die Hilfszügel länger verschnallt sind und das Pferd in ruhiger Umgebung zwanglos die drei Grundgangarten auf beiden Händen absolvieren kann, um die Muskulatur zu erwärmen. **Merke:** Ohne Takt und Zwanglosigkeit gibt es keine Losgelassenheit!
🐴 Die dritte Stufe ist die Anlehnung. Was bedeutet das?	☐ Voraussetzung für die Anlehnung ist die Dehnungshaltung. Das Pferd wird in dieser Haltung versuchen, sich an das Trensengebiss heran zu dehnen und damit den Kontakt zum Reiter über den Zügel herzustellen. Bei zu kurzen oder durchhängenden Zügeln ist eine weiche Verbindung nicht möglich. Eine gute Anlehnung erfühlt der Reiter mit einer weich-hinhaltenden Hand.

🐴 Hier endet die erste Phase der Ausbildungsskala. Wie nennt man diese Phase?	☐ Dies ist die Gewöhnungsphase, in welcher sich das Pferd an den Reiter, an die Umgebung, an die Anforderungen und auch an die Ausrüstung gewöhnt.
🐴 Die vierte Stufe ist der Schwung. Wie entsteht Schwung?	☐ Schwung kann das Pferd nur erreichen, wenn es mit der Hinterhand kräftig abfußt und weit unter den Bauch untertritt. Damit entwickelt es die nötige Schub- und Tragkraft.
🐴 Wo ist der Unterschied zwischen Schubkraft und Tragkraft?	☐ Schubkraft hat jedes Pferd in der Hinterhand, Tragkraft muss trainiert werden. Die Schubkraft ergibt den Schwung nach vorne, die Tragkraft braucht das Pferd um sich auszubalancieren und den Reiter und sich selbst zu tragen.
🐴 Wie erkenne ich Schwung beim Pferd?	☐ Die Schritte, Trabtritte bzw. Galoppsprünge werden verlängert, das heißt, der Abstand zwischen dem Auffußen der Vorder- und Hinterbeine des Pferdes wird vergrößert. Dabei soll das Pferd aber nicht schneller werden, bzw. eilen.
🐴 Wie erreicht man den Schwung beim Pferd?	☐ Indem man das Pferd mit treibenden Hilfen dazu veranlasst, vermehrt die Hinterhand ein zu setzen, ohne dass das Pferd dabei zu eilig wird. Im Gegenzug muss vorne eine gute Anlehnung vorhanden sein, damit die Dehnungshaltung erhalten bleibt. Dabei muss für jedes Pferd das richtige Tempo gefunden werden.
🐴 Die fünfte Stufe ist das Geraderichten. Woran erkennt man, ob das Pferd gerade oder schief ist?	☐ Alle Pferde sind von Natur aus schief – vorwiegend sind sie auf die linke Seite gebogen. Diese natürliche Schiefe soll korrigiert werden. Ist das Pferd geradegerichtet, befinden sich die Vorder- und Hinterbeine auf einer Linie.
🐴 Hier endet die zweite Phase der Skala der Ausbildung. Welche Punkte beinhaltet diese Phase?	☐ Zu dieser zweiten Phase gehören Losgelassenheit, Anlehnung, Schwung und Geraderichten.
🐴 Wozu dienen diese vier Punkte?	☐ Damit wird die Schubkraft des Pferdes trainiert.

🐴 Die sechste Stufe ist die Versammlung. Woran erkennt man die Versammlung?	☐ Die Versammlung ist die höchst mögliche Leistung des Pferdes. Dabei nimmt das Pferd das Eigengewicht und das Reitergewicht durch Hankenbeugung und vermehrtes Untertreten auf. Dadurch wird das Pferd in der Vorderhand leichter und man hat das Gefühl, dass das Pferd bergauf läuft.
🐴 Was ist eine Hankenbeugung?	☐ Dabei sind die drei großen Gelenke der Hinterhand vermehrt gebeugt, welche da sind: Hüftgelenk, Kniegelenk und Sprunggelenk.

Beschrifte die drei an der Hankenbeugung beteiligten Gelenke!

☐
☐
☐

🐴 Damit ist die letzte Phase der Ausbildungsskala erreicht. Welche Schritte führen zur Ausbildung der Tragkraft?	☐ Die letzten drei Punkte der Skala, nämlich Schwung, Geraderichten und Versammlung.
🐴 Wozu führt die Arbeit anhand der Ausbildungsskala, wenn man alle Punkte erarbeitet hat?	☐ Sie führt zur vollendeten Durchlässigkeit des Pferdes.
🐴 Was bedeutet Durchlässigkeit?	☐ Ein Pferd ist dann durchlässig, wenn es seinem Ausbildungsstand entsprechend zwanglos alle Hilfen des Reiters bereitwillig annimmt.

| Skala der Ausbildung |

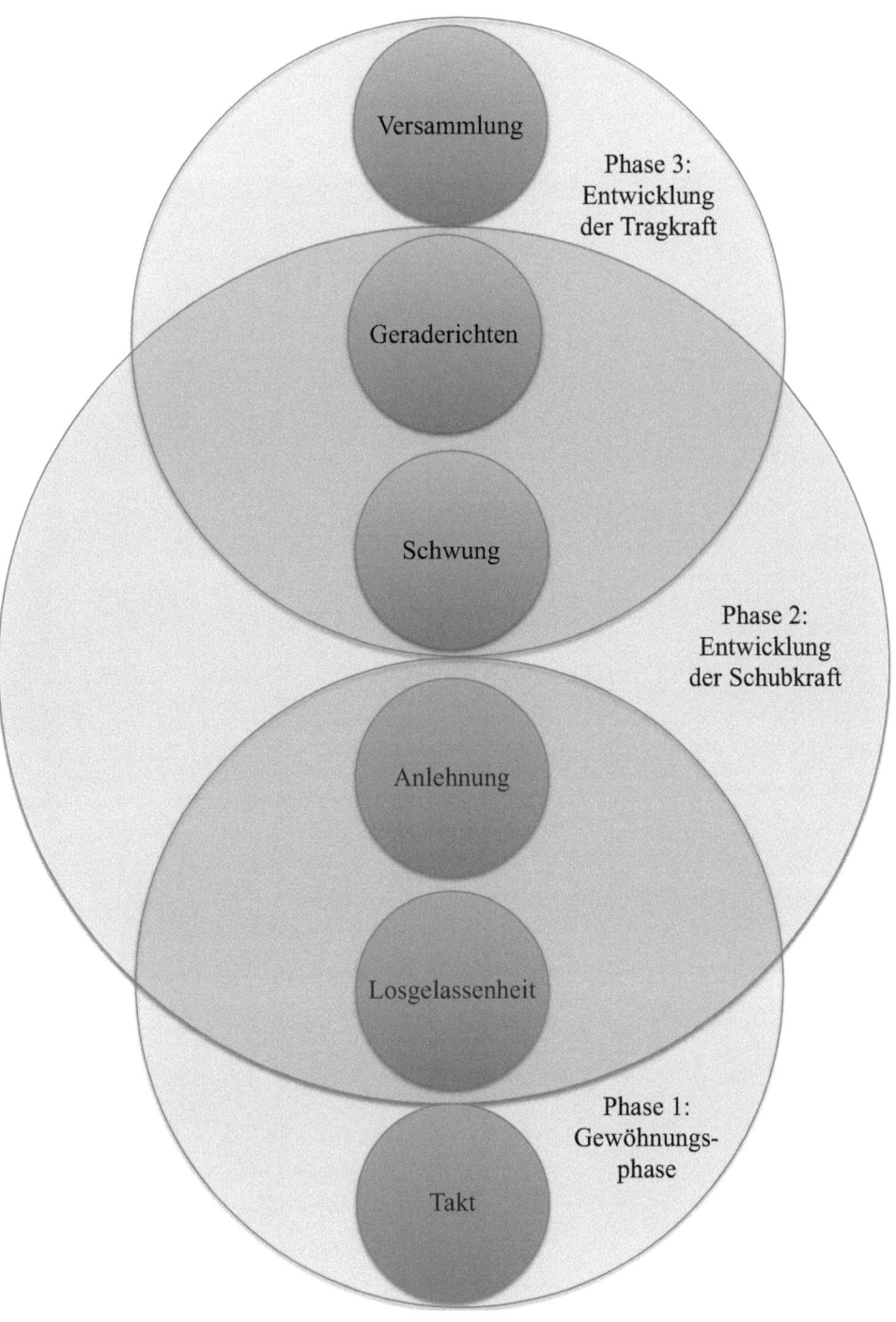

Merke: Die erfolgreiche Absolvierung aller Ausbildungspunkte führt zur größtmöglichen Durchlässigkeit.

Versuche, die Skala der Ausbildung zu beschriften!

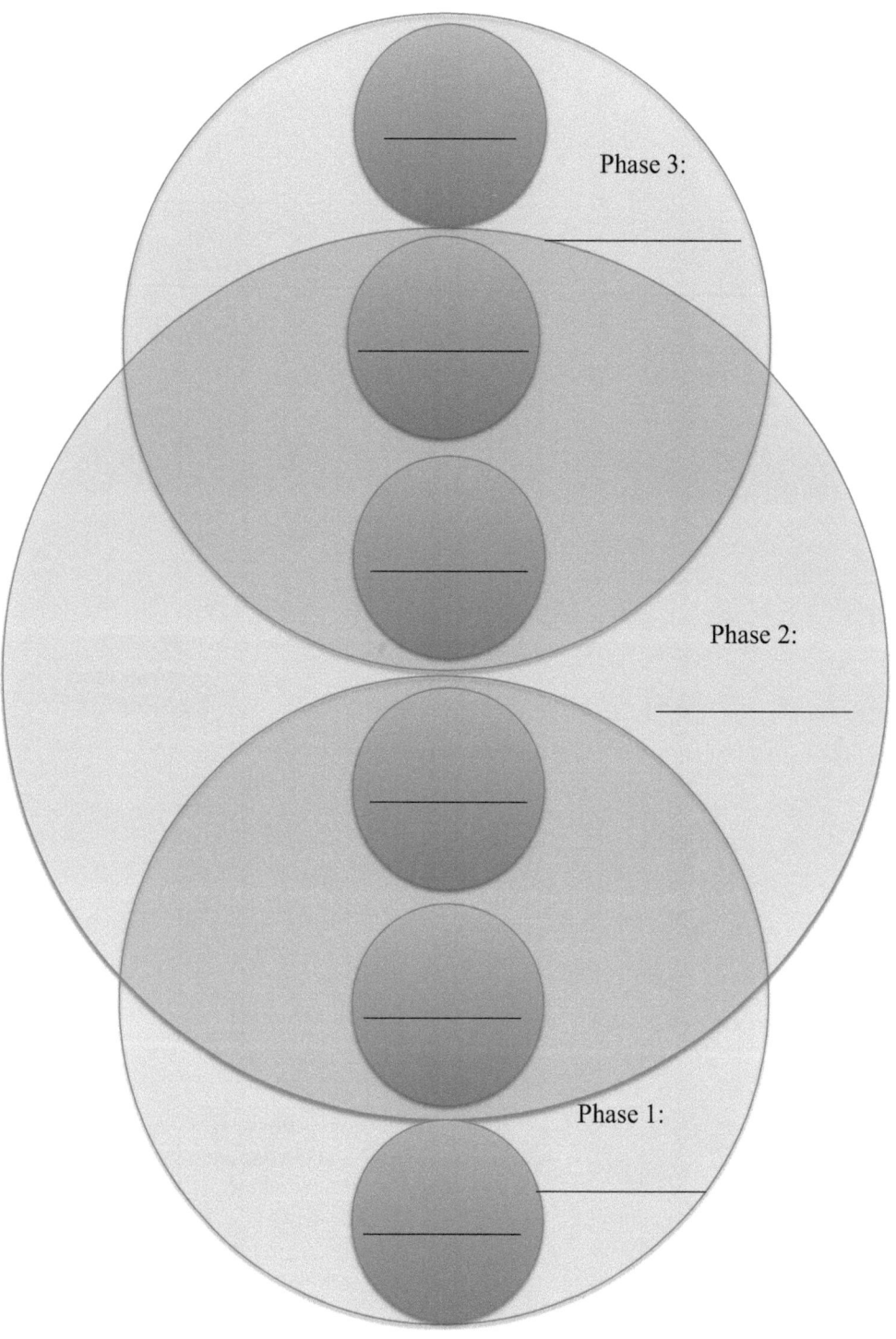

Merke:

Kapitel 12: Verladen

🐴 Wie wird ein Pferd zum Verladen ausgerüstet?	☐ Es benötigt ein gut sitzendes Halfter mit Führstrick, Verladegamaschen, Schweifschutz und wenn nötig eine Decke. Nervöse Pferde bekommen einen Kopfschutz. Man kann auch eine Führkette verwenden.
🐴 Wie ist der Reiter, der das Pferd verlädt ausgerüstet?	☐ Verladen ist eine gefährliche Angelegenheit, vor allem, wenn das Pferd ungeübt ist. Deshalb ist es wichtig Handschuhe, festes Schuhwerk und einen Helm zu tragen.
🐴 Was beachtet man bei Zugfahrzeug und Anhänger?	☐ Das Zugfahrzeug muss eine ausreichende Stützlast haben, die Reifen müssen etwas mehr Druck bekommen und man sollte, wenn nötig vor dem Verladen tanken. Die Lichtanlage des Anhängers sollte vor dem Verladen kontrolliert werden.
🐴 Wie kuppelt man den Anhänger an?	☐ Die Kupplungsklaue muss auf der Anhängekupplung richtig einrasten. Das Sicherungsseil für die Handbremse wird über die Anhängekupplung gelegt, damit der Anhänger gebremst wird, sollte er sich lösen. Die Elektrik wird eingesteckt und das Stützrad wird hochgezogen und gesichert, damit man es unterwegs nicht verliert.
🐴 Was muss man für das Pferd auf einer Reise oder zu einem Turnier mitnehmen?	☐ Auf längeren Reisen sollte man immer das gewohnte Futter dabei haben. Manche Pferde sind auch mit dem Wasser sehr empfindlich. Sollte dies so sein, nimmt man auch einen Kanister Wasser mit. Ansonsten das benötigte Sattelzeug, Pflegeartikel und einen Stallbesen zum Reinigen des Hängers.
🐴 Wie legt man eine Führkette an?	☐ Die Führkette wird auf der linken Seite durch die untere Halfteröse geführt, dann über Nasenrücken bzw. Kinnpartie gelegt. Auf der rechten Seite wird sie wieder durch den unteren Halfterring geführt. Den Karabinerhaken hängt man rechtsseitig im oberen Halfterring ein.

🐴 Was beachtet man vor dem Einladen? 	☐ Beim Öffnen der Rampe immer an der Seite stehen, denn sie ist sehr schwer! Die Rampe muss gerade auf dem Boden aufliegen und darf nicht wackeln. Die Verschlusshebel werden unter die Rampe gedreht, damit sich das Pferd nicht daran verletzen kann. Die Seitentür am Anhänger wird geöffnet, damit man dann vorne den Anhänger verlassen kann.
🐴 Wie lädt man das Pferd ein? 	☐ Links und rechts neben der Rampe stehen zwei Hilfspersonen, die dem Pferd Sicherheit geben und darauf achten, dass das Pferd gerade in den Anhänger geht. Eine dritte Person führt das Pferd zügig und konsequent in den Anhänger.
🐴 Und wenn das Pferd im Anhänger steht? 	☐ Steht es auf dem Anhänger, hängen die Hilfspersonen sofort die Querstange ein, damit das Pferd nicht mehr rückwärts treten kann. Erst dann darf das Pferd vorne angebunden werden. Die Rampe wird vorsichtig geschlossen, damit sich das Pferd nicht erschrickt. Die Seitentür des Anhängers gut verschließen.

🐴 Wie kann man einem Pferd das Verladen erleichtern?	☐ Man legt den Anhänger mit Stroh aus, hängt einen Heusack auf und stellt die Zwischenwand an die Seite, damit das Pferd beim Verladen mehr Platz hat.
🐴 Wie kann man mit jungen Pferden das Verladen üben?	☐ Man braucht viel Zeit und Geduld und sollte es oft üben. Man stattet den Anhänger wie eine Box aus, und parkt ihn mit einer Seite dicht an eine Wand, damit das Pferd schon mal an einer Seite begrenzt ist. Dann versucht man es in aller Ruhe und spart nicht mit Lob und Belohnung. Man kann auch zunächst ein erfahrenes Pferd auf den Anhänger stellen.
🐴 Was macht man, wenn sich ein Pferd nicht verladen lässt?	☐ Man kann an beiden Seiten des Anhängers eine Longierleine befestigen und diese dann über den Sprunggelenken des Pferdes kreuzen. Man zeigt dem Pferd damit, dass es keine Ausweichmöglichkeit nach hinten oder zur Seite gibt. Dies ist aber nicht ungefährlich und sollte nur von erfahrenen Reitern gemacht werden.
🐴 Auf welcher Seite verlädt man, wenn man nur mit einem Pferd fährt?	☐ Fährt man viel Landstraße, ist es besser links zu verladen, denn man schützt das Pferd vor dem abschüssigen und rauen Bankett. Fährt man viel Autobahn, verlädt man besser rechts, denn dann sieht das Pferd überholende Laster nicht so sehr.
🐴 Wie verhält man sich als Fahrer mit Anhänger?	☐ Man fährt vorsichtig und umsichtig! Vor allem in den Kurven muss er langsam fahren, denn das Pferd weiß nicht, wann abgebogen wird. Außerdem muss der Fahrer einen deutlich längeren Bremsweg einkalkulieren.
🐴 Wie wird das Pferd ausgeladen?	☐ Nach dem Öffnen der Anhängerklappe wird das Pferd zu allererst losgebunden. Erst dann wird hinten die Querstange geöffnet. Das Pferd wird vorsichtig rückwärts geführt, wobei man den Kopf des Pferdes zur Außenwand des Anhängers drückt, damit es auf der Rampe nicht daneben tritt. Hilfspersonen geben dem Pferd beim Ausladen Sicherheit, indem sie ihm gut zureden.

Kleiner Leitfaden zum Ankuppeln

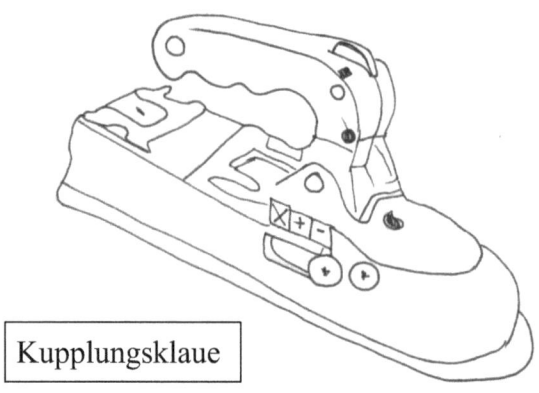

Kupplungsklaue

1. Die Kupplungsklaue wird über der Anhängerkupplung positioniert. Man kurbelt das Stützrad so lange nach unten, bis die Klaue auf der Anhängerkupplung einrastet. Ob sie eingerastet ist, kann man an einem kleinen + Zeichen erkennen.

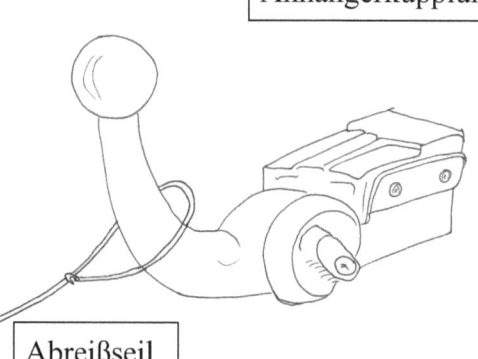

Anhängerkupplung

Abreißseil

2. Jetzt das Abreißseil über die Anhängerkupplung legen. Dieses Seil sorgt dafür, dass der Anhänger gebremst wird, sollte die Kupplung brechen.

Stecker für Elektrik

3. Jetzt muss noch der Stecker für die Beleuchtung des Anhängers am Auto unterhalb der Anhängerkupplung eingesteckt werden. Man sollte alle Außenlampen und die Innenbeleuchtung des Anhängers vor der Abfahrt immer überprüfen.

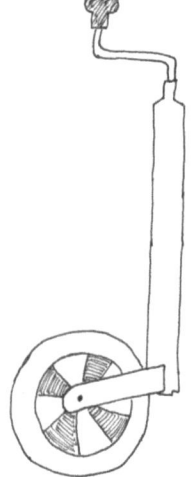

Stützrad

4. Zuletzt noch das Stützrad hochkurbeln, bis es ganz eingeklappt ist und die Reise kann losgehen.

Kapitel 13: Anatomie innere Organe und Skelett

Präge Dir die inneren Organe des Pferdes gut ein!

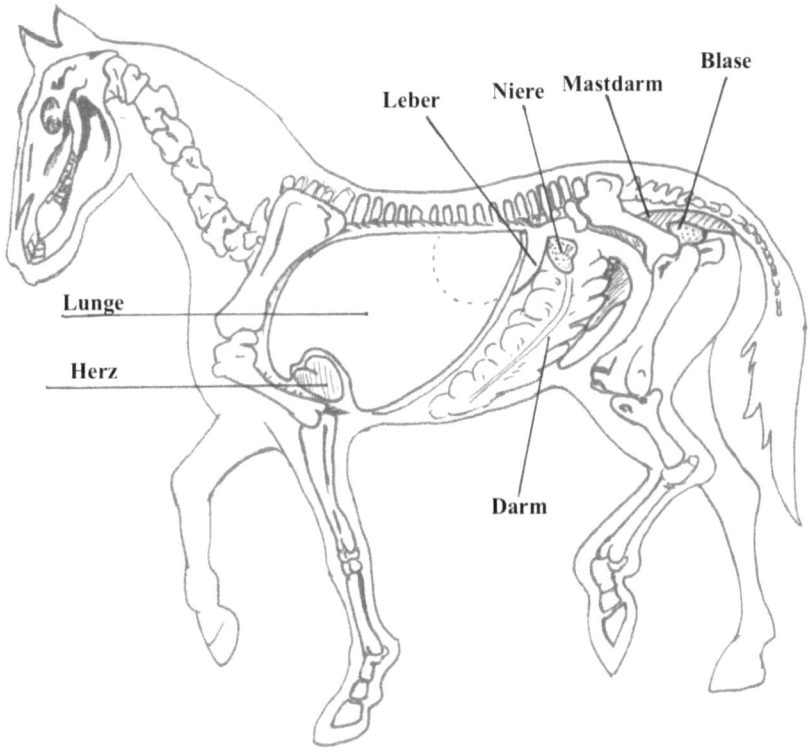

Versuche die inneren Organe zu beschriften!

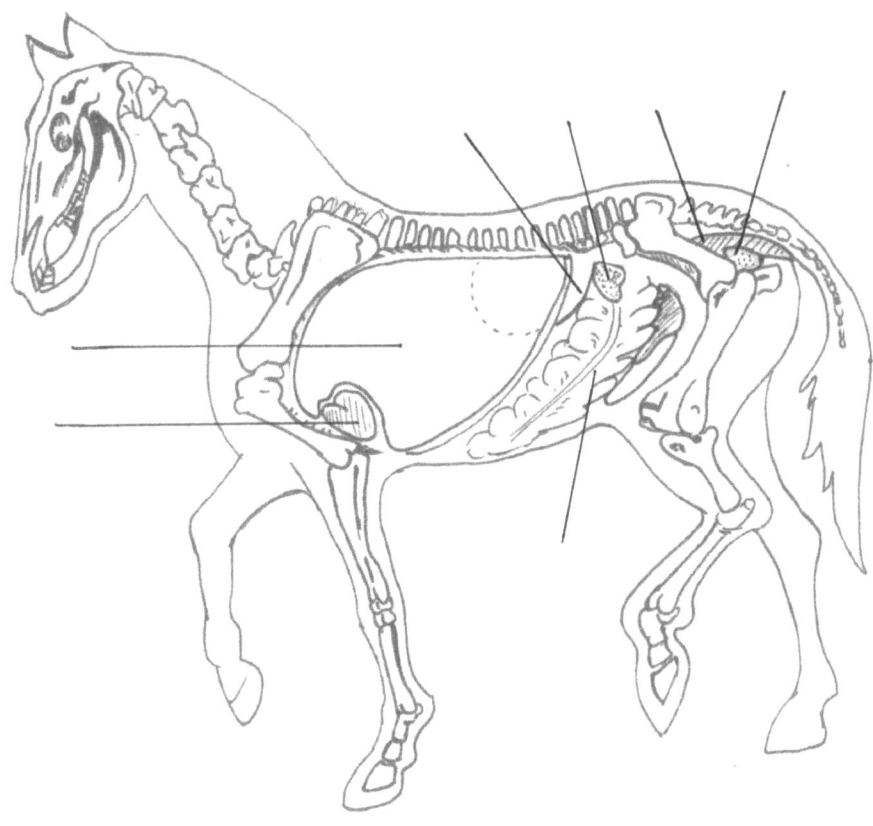

Präge Dir das Skelett gut ein!

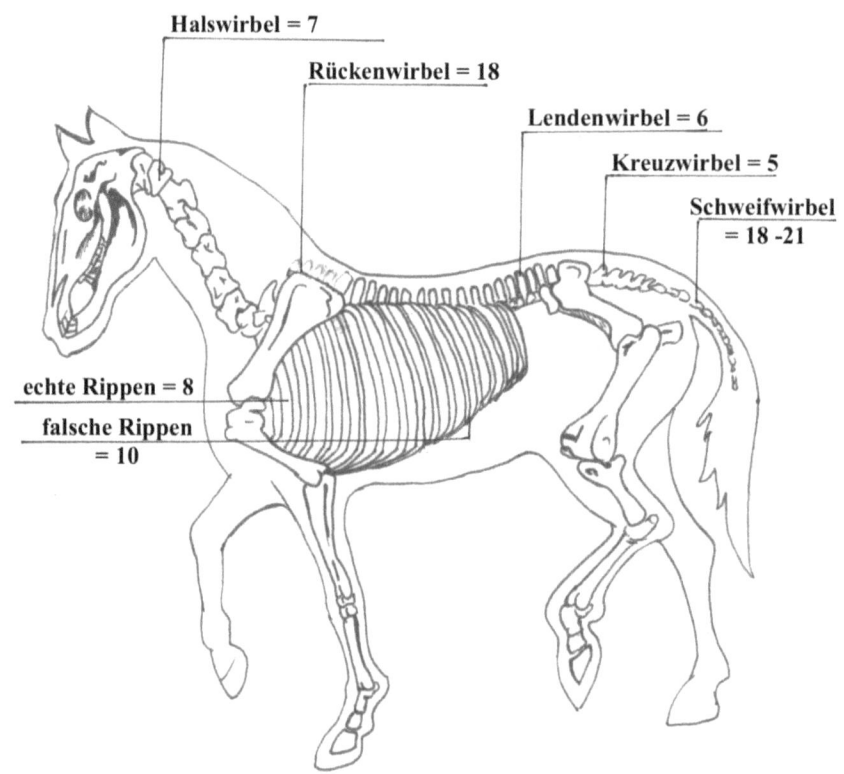

Versuche das Skelett zu beschriften!

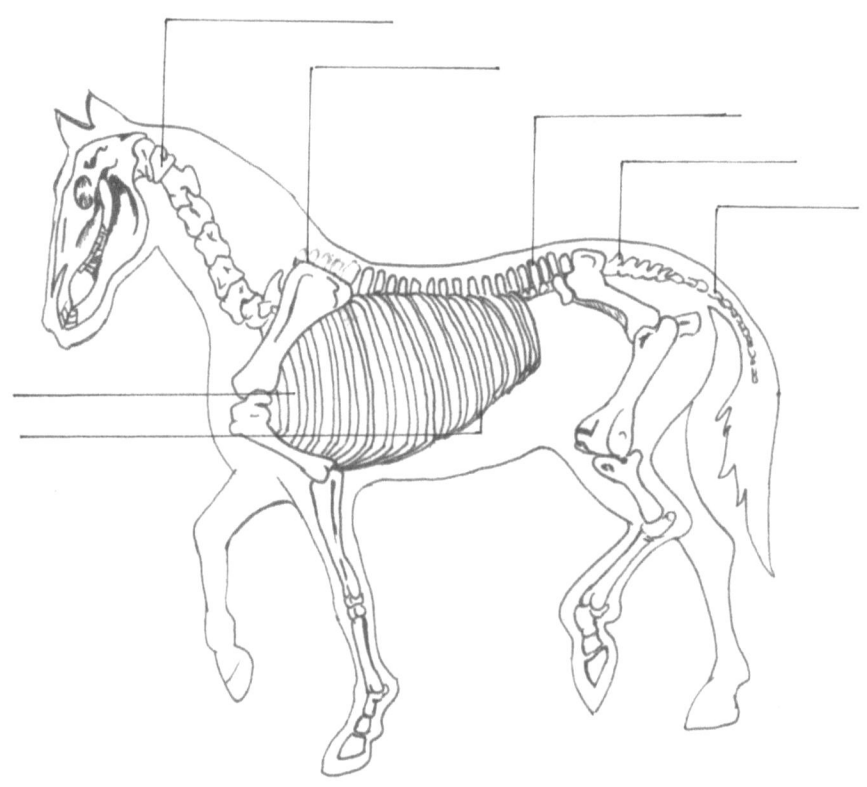

Kapitel 14: Geschlechter

🐴 Was ist ein Hengst?	☐ Hengste sind männliche Pferde. Sie bedürfen einer konsequenten Erziehung, da manche Rassen durch den ausgeprägten Geschlechtstrieb zu aggressiven Verhalten neigen und schwierig im Umgang sein können. Hengste sind üblicherweise auch sehr temperamentvoll. Gekörte Hengste werden in der Zucht eingesetzt.
🐴 Was ist eine Stute?	☐ Stuten sind weibliche Pferde. Sie werden sowohl im Pferdesport, als auch in der Zucht eingesetzt. Im 18. Lebensmonat wird eine Stute geschlechtsreif – allerdings sollte eine Stute frühestens mit drei Jahren gedeckt werden, da ansonsten die Entwicklung verzögert wird. Eine Stute rosst alle 21- 24 Tage und ist somit paarungsbereit. In dieser Zeit kann eine Stute auch mal etwas zickig sein.
🐴 Was ist ein Fohlen?	☐ Fohlen sind Jungtiere. Die Tragzeit dauert bei Pferden 315 bis 340 Tage. Hat man das Fohlen der Mutter entwöhnt, spricht man von einem Absatzfohlen.
🐴 Was ist ein Wallach?	☐ Wallache sind männliche, kastrierte Pferde. Die Kastration macht sie üblicherweise sehr umgänglich. Außerdem kann man sie dann problemlos in eine Herde integrieren, was mit Hengsten meistens nicht möglich ist. Sie sind beliebte Freizeitpferde, können aber auch im Turniersport eingesetzt werden.
🐴 Was ist ein Maultier?	☐ Ein Maultier oder Muli ist die Kreuzung zwischen einer Pferdestute und einem Eselhengst. Sie können sich nicht fortpflanzen.
🐴 Was ist ein Maulesel?	☐ Ein Maulesel ist die umgekehrte Variante: Die Mutter ist eine Eselin, der Vater ein Pferdehengst. Sie können sich fortpflanzen.

Kapitel 15: Gesunderhaltung und Krankheiten

Was sind die PAT-Werte?	☐ Puls, Atmung und Temperatur.
Wie hoch ist der Puls des Pferdes in Ruhe?	☐ Zwischen 28 und 40 Schlägen in der Minute.
Wie oft atmet ein Pferd in Ruhe?	☐ Zwischen 10 und 16 Atemzüge in der Minute.
Wie hoch ist die Temperatur in Ruhe?	☐ Zwischen 37,5 und 38,2 Grad.
Woran erkennt man, ob das Pferd krank ist?	☐ Es ist schlapp und teilnahmslos, es frisst nicht, stöhnt, schwitzt oder friert. Es könnte auch husten oder Nasenausfluss oder Anzeichen für eine Kolik haben. Ach nervöse Unruhe kann ein Anzeichen für eine Erkrankung sein.

🐴 Wie erkennt man einen Satteldruck?	☐ Das Pferd ist anfangs druckempfindlich. Dann kommt es zu haarlosen Stellen, die dann auch zu offenen Scheuerstellen werden können. Tiefere Verletzungen wachsen mit weißen Haaren nach.
🐴 Wie verhindert man Satteldruck?	☐ Der Sattel muss gut angepasst sein, und die Sattel- und Gurtlage muss immer vorher gründlich geputzt werden. Ein rechtzeitiges Nachgurten schützt auch.
🐴 Was macht man bei stark blutenden Verletzungen?	☐ Man legt einen Druckverband an und ruft zügig den Tierarzt.
🐴 Was macht man bei einem Nageltritt?	☐ Da sich bei einer Verletzung des Hufes durch Eintreten spitzer Gegenstände der Huf leicht entzünden kann, sollte immer der Tierarzt zugezogen werden. Tetanusschutz überprüfen!
🐴 Wie behandelt man Verletzungen um das Auge?	☐ Um das Auge darf man kein Desinfektionsmittel benutzen. Stattdessen nimmt man abgekochtes Wasser mit Kamille und einen sterilen Tupfer.
🐴 Wie versorgt man einen Bluterguss?	☐ Blutergüsse werden so lange gekühlt, bis sie abgeklungen sind. Dann kann man das Pferd wieder langsam bewegen. An den Beinen kann man Kühlkompressen anwickeln, am Körper kann man spezielle Kühlgels aufbringen.
🐴 Was ist ein Einschuss, und was kann man dagegen tun?	☐ Ein Einschuss ist eine rasch anschwellende Stelle an einem der Beine, die durch eine kleine Verletzung hervorgerufen wird. Man desinfiziert und kühlt die Stelle und zieht im Zweifelsfall den Tierarzt hinzu.
🐴 Was ist Mauke, und wie kann man sie behandeln?	☐ Mauke ist eine Entzündung der Fesselbeuge. Sie entsteht, wenn das Pferd zu lange in Nässe und Schmutz steht. Man rasiert den Behang ab, reinigt mit milder Seife, desinfiziert und behandelt mit Jodsalbe. Das Pferd muss trocken aufgestallt werden.

🐴 Was ist Strahlfäule, und wie behandelt man sie?	☐ Strahlfäule ist eine Entzündung des Hufstrahls. Sie entsteht ebenfalls, wenn das Pferd zu lange in Nässe und Schmutz steht. Man entfernt so viel entzündetes Horn wie möglich, desinfiziert und behandelt mit Jodsalbe. Das Pferd muss trocken aufgestallt werden.
🐴 Was macht man bei Husten?	☐ Zuerst misst man Fieber. Sollte das Pferd erhöhte Temperatur haben, eindecken und den Tierarzt rufen. Hat es kein Fieber, kann man es schonend an der frischen Luft bewegen.
🐴 Wie erkennt man eine Kolik, und wie behandelt man sie?	☐ Bei einer Kolik kann das Pferd nicht mehr misten und hat schlimme Bauchschmerzen. Es stellt die Hinterbeine weit ab, guckt sich oft zum Bauch um, schwitzt und ist allgemein unruhig. Es legt sich oft hin und wälzt sich. Bei Verdacht auf Kolik Pferd eindecken, Tierarzt rufen und das Pferd solange im Schritt führen, bis der Tierarzt eintrifft.
🐴 Was ist ein Kreuzverschlag, und was tut man dagegen?	☐ Ein Kreuzverschlag ist eine Kohlenhydratvergiftung. Diese entsteht durch zu viel Kraftfutter und zu wenig Bewegung, oder durch Überanstrengung. Das Pferd ist auf beiden Hinterbeinen lahm und der Rückenmuskel ist verhärtet. Der Urin kann colafarben sein. Es besteht Lebensgefahr wegen Nierenversagens. Sofort den Tierarzt rufen!
🐴 Was macht man bei starkem Nasenausfluss?	☐ Hat das Pferd starken Nasenausfluss, der weiß, grün oder rot sein kann, muss man unbedingt den Tierarzt rufen. Es kann eine Erkrankung der Lunge vorliegen.

🐴 Was kann man gegen Wurmerkrankungen tun?	☐ Zwei bis viermal im Jahr muss das Pferd eine Wurmkur bekommen. Diese Wurmkur wechselt man immer wieder, damit es zu keiner Gewöhnung seitens der Würmer kommt. Es empfiehlt sich immer, alle Pferde eines Stalles gemeinsam zu entwurmen.
🐴 Wie erkennt man eine Pilzerkrankung, und was macht man dagegen?	☐ Pilzerkrankungen erkennt man an erbsengroßen Erhebungen im Deckhaar. Später fallen die Haare auch aus. Pilz ist sehr ansteckend. Alle Decken mit Obstessig waschen. Auch das Sattel- und Putzzeug muss damit desinfiziert werden. Zur Behandlung sollte man den Tierarzt dazu holen.
🐴 Wogegen soll das Pferd geimpft werden?	☐ Influenza, Tetanus, Herpes und wenn nötig Tollwut.
🐴 Was steht im Equidenpass, und wer braucht ihn?	☐ Der Equidenpass ist Pflicht. Er wird vom Tierarzt ausgestellt. Darin sind folgende Daten vermerkt: • Name des Pferdes und Geburtsdatum • Stammbaum • Abzeichen und Farben • Chipnummer • Impfungen • Entsorgung (Hier ist vermerkt, ob das Pferd, wenn es stirbt, in die Nahrungskette kommt oder nicht).
🐴 Was macht man, wenn das Pferd Giftpflanzen gefressen hat?	☐ Man ruft sofort den Tierarzt. Wenn möglich zeigt man ihm die Pflanze, die das Pferd gefressen hat.

Lerne die Giftpflanzen die Giftpflanzen auf der Rückseite Deines Heftes!

Kapitel 16: Hufe und Hufschmied

🐴 Wie werden die Hufe des Pferdes gepflegt?	☐ Vor dem Ausreiten werden die Hufe nur ausgekratzt, aber nach dem Reiten reinigt man sie gründlich von innen und außen.
🐴 Was macht man bei anhaltender Trockenheit?	☐ Die sauberen Hufe werden mit einem Schwamm angefeuchtet und dann von innen und außen mit Huffett eingepinselt.
🐴 Was beachtet man beim Auskratzen der Hufe?	☐ Der Huf hat außen eine Glasurschicht, die man nicht zerkratzen darf. Außerdem muss man beim Hufstrahl und am Ballen vorsichtig sein, denn hier ist das Horn weicher.
🐴 Welche Aufgabe hat der Hufschmied?	☐ Der Hufschmied sollte alle vier bis sechs Wochen bestellt werden. Er schneidet dann die Hufe aus und rundet sie mit der Raspel gut ab. Hat das Pferd Hufeisen, werden diese nach Bedarf erneuert.
🐴 Was kann passieren, wenn der Hufschmied nicht regelmäßig kommt?	☐ Dann können die Hornwände ausbrechen, was zur Folge hat, dass man keine Hufeisen mehr annageln kann. Außerdem kann es zu Fehlstellungen kommen, die die Gelenke und Sehnen belasten. Zu lange Zehen lassen Pferde auch stolpern.
🐴 Was kann man bei der Hufpflege selbst erledigen?	☐ Man kann abgesplittertes Horn mit der Hufzange entfernen und mit der Hufraspel die Stellen wieder glatt feilen. Auch loses Horn am Strahl kann man gut selbst entfernen. Hat das Pferd ein Eisen verloren, kann man verbliebene Nägel auch selber ziehen.
🐴 Wann muss ein Pferd beschlagen werden?	☐ Pferde werden dann beschlagen, wenn das Horn zu schnell abgerieben wird. Das ist häufig bei Kutsch- und Turnierpferden der Fall. Auch für Pferde, die viel ins Gelände gehen ist ein Beschlag sinnvoll.
🐴 Was ist ein orthopädischer Beschlag?	☐ Das sind spezielle Hufeisen, mit denen man entweder den Huf entlastet oder die Stellung des Hufes korrigiert.

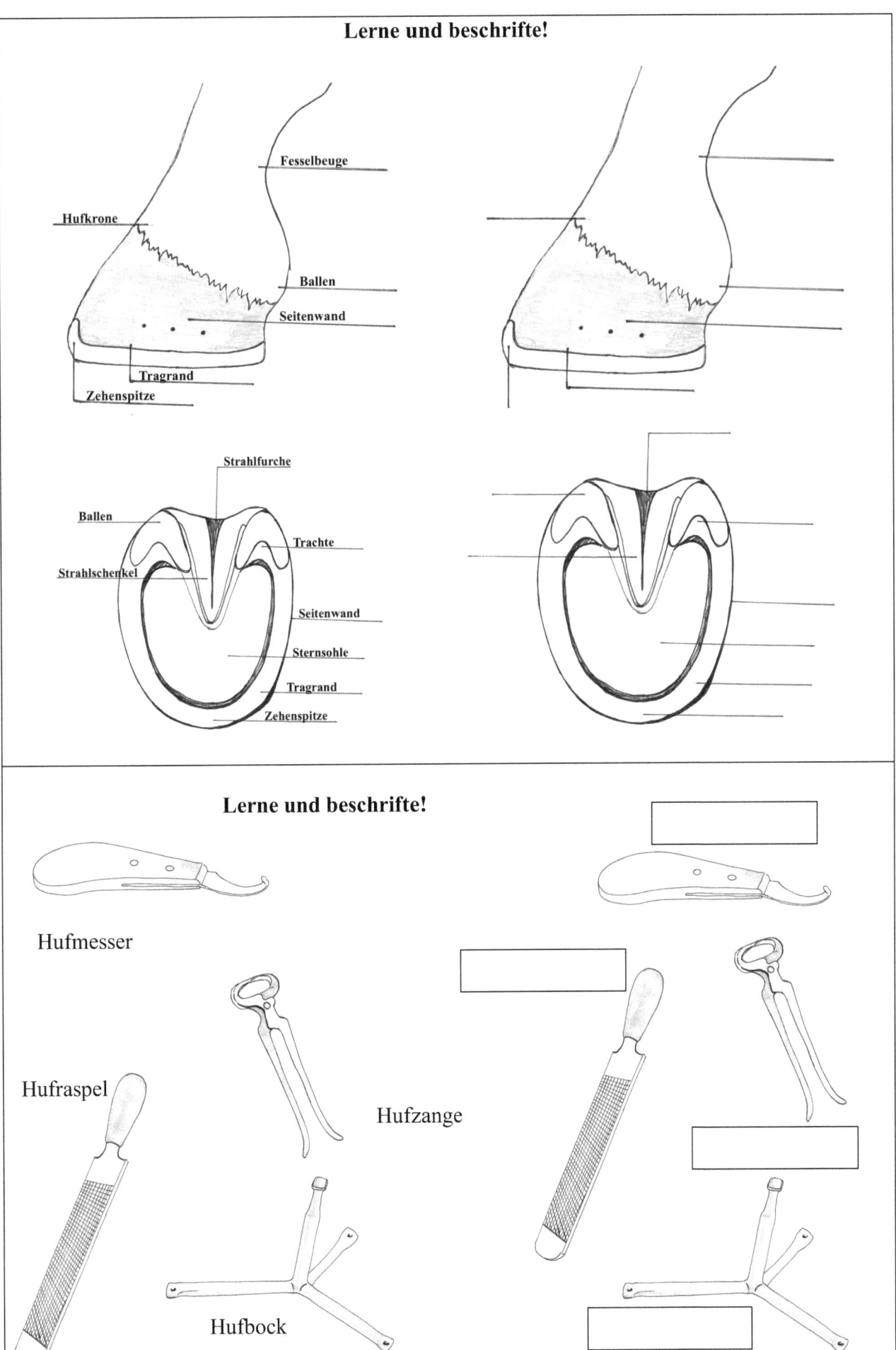

Kapitel 17: Haltungsformen

🐴 Welche Haltungsformen gibt es?	☐ Gruppenauslaufhaltung und Boxenstallhaltung sind die bekanntesten Formen.
🐴 Wie funktioniert die Boxenhaltung und für welche Pferde eignet sie sich?	☐ Hier ist das Pferd fast immer in seiner Box und somit darauf angewiesen, dass sich der Besitzer täglich darum kümmert. Diese Haltung eignet sich gut für Turnier- und Leistungspferde, da hier die Verletzungsgefahr am geringsten ist und sie durch das tägliche Training genug Bewegung bekommen.
🐴 Wie funktioniert die Gruppenauslaufhaltung und für welche Pferde eignet sie sich?	☐ Hier ist das Pferd sowohl im Sommer als auch im Winter immer auf der Weide und hat nur einen Offenstall. Dies eignet sich gut für Freizeitpferde.
🐴 Wie sieht ein Offenstall aus?	☐ Der Offenstall hat drei geschlossene Wände, wobei die offene Seite zur windärmsten Seite zeigt. Der Boden ist trocken und gut eingestreut.
🐴 Was ist eine Laufstallhaltung?	☐ Hier teilen sich mehrere Pferde einen größeren Stall. Es sollte auch mehrere Futterstellen geben, damit es nicht zu Streitereien kommt.
🐴 Wie sieht ein Aktivstall aus?	☐ Hier leben die Pferde im Herdenverband in Offenstallhaltung und bewegen sich frei in einem eingezäunten Bereich. Damit sich die Pferde vermehrt bewegen, sind Futterplatz, Tränke und Ruhe- oder Wälzstellen möglichst weit voneinander entfernt.

🐴 Und was ist mit der Ständerhaltung?	☐ Dabei sind die Pferde angebunden und nur durch halbhohe Wände voneinander abgegrenzt. Die Pferde können sich nicht umdrehen oder hinlegen. Ständerhaltung ist in Deutschland mittlerweile verboten.
🐴 Was gibt es für Einstreumöglichkeiten?	☐ Es gibt mittlerweile sehr viele verschiedene Arten von Einstreu. Dazu gehören z.B. Stroh, Späne, Maisstroh oder Strohpellets.
🐴 Welche Einstreu wähle ich für welches Pferd?	☐ Üblicherweise streut man mit Stroh oder Maisstroh ein. Das Pferd kann dann auch seinen Raufutterbedarf abdecken. Pferde, die gerne alles auffressen, stellt man auf Späne.
🐴 Was passiert mit dem Pferdemist?	☐ Man muss täglich gründlich ausmisten. Der Mist wird auf einem Misthaufen gelagert, der dann vom Bauern abgefahren wird. Stroh macht am meisten Mist.
🐴 Was sollte man beim Einstreuen von Stroh beachten?	☐ Wenn man frisches Stroh nachstreut, sollte man unbedingt darauf achten, dass das Stroh nicht verschimmelt ist und die Strohbänder entfernt sind.
🐴 Wie funktioniert Matratzenstreu?	☐ Hier wird aus Stroh oder Späne im Laufe des Winters eine Matratze gebildet. Auch hier wird täglich gründlich ausgemistet. Das ist zwar für die Pferde warm, wenn sie sich hinlegen, allerdings atmen sie viel Ammoniak ein, was zu Atemwegserkrankungen führen kann. Hier ist Vorsicht geboten.

Kapitel 18: Stallbau

🐎 Wie sieht ein guter Pferdestall aus?	☐ Ein guter Stall ist groß, hell, luftig aber ohne Zugluft.
🐎 Welche Fläche muss eine Pferdebox haben? Bsp.: Stockm. = 1,60 x 2 = 3,20m Dann: 3,20 x 3,20 = **10,24 qm**	☐ Die Boxengröße errechnet sich aus der Größe des Pferdes: Stockmaß mal 2 und diese Zahl ins Quadrat. **Berechne:** Wie groß muss die Box für ein Pferd mit einem Stockmaß von 1,75 m sein?
🐎 Sollen sich die Pferde sehen können?	☐ Pferde sind Herdentiere und brauchen den Kontakt zu anderen Tieren.
🐎 Was beachtet man bezüglich der Fenster?	☐ Man rechnet pro Pferd mindestens einen Quadratmeter Fensterfläche. Ist das Fenster in der Box, muss es mit Eisengittern gesichert sein.
🐎 Was beachtet man bei den Boxentüren?	☐ Boxentüren sollten mindestens 1,10 Meter breit sein und sich entweder aufschieben oder ganz an die Wand schlagen lassen. Ein sicherer Riegel, den das Pferd nicht öffnen kann ist sinnvoll.
🐎 Was beachtet man bei den Gitterstäben?	☐ Die Gitterstäbe sollten nicht weiter als vier Zentimeter auseinander sein, da das Pferd sich sonst mit den Hufen darin verkannten kann.
🐎 Wohin kommen Trog und Tränke, als auch Lecksteinhalter?	☐ Kripppe, Tränke und Lecksteinhalter werden in Höhe des Buggelenks in einer der Ecken der Box angebracht.
🐎 Wie kann man die Luft im Stall frisch halten?	☐ Türen und Fenster sollen häufig zum Lüften geöffnet werden. Man kann auch vergitterte Außentüren anschaffen und diese nachts offen lassen. Vor dem Fegen sollte man die Stallgasse anfeuchten.
🐎 Was ist eine Zwangslüftung?	☐ Hier sorgen Ventilatoren für die Zuführung von frischer Luft.
🐎 Was beachtet man bezüglich der Elektrik?	☐ Elektrische Anlagen müssen immer von einem Fachmann installiert werden. Außerdem dürfen sie nie in Reichweite eines Pferdes sein.
🐎 Wo lagert man das Sattelzeug?	☐ In einer abschließbaren Sattelkammer.

Kapitel 19: Bewegungsflächen

Welche Anlagen muss ein gut funktionierender Reiterhof besitzen?	☐ Ein Reiterhof hat folgende Anlagen: • Weide und /oder Paddocks • Reitplatz und /oder Reithalle • Longierplatz und / oder Longierhalle • Sattelkammer • Aufenthaltsraum • Boxen
Wie groß muss die Weide für ein Pferd sein?	☐ Jedes Pferd benötigt 5000 Quadratmeter Weidefläche. Außerdem sollten auf der Weide ein Unterstand und eine Tränke vorhanden sein.
Was ist ein Paddock?	☐ Ein Paddock ist ein kleiner umzäunter Außenplatz mit Sand- oder Grasboden. Er ist etwa doppelt so groß wie eine Box und sozusagen der Balkon für das Pferd.
Wie sieht eine gute Einzäunung aus?	☐ Man kann entweder mit breiter weißer Stromlitze einzäunen oder mit einem richtigen Holzzaun. Wählt man den Holzzaun, muss man auf jeden Fall auch einen Stromzaun mitführen. Stacheldraht ist in Deutschland verboten!
Was muss man bei kleinen Weideflächen beachten?	☐ Hat man kleine Flächen, muss man regelmäßig abäppeln, das lange Unkraut kurz halten und immer nach Giftpflanzen Ausschau halten. (Das gilt auch für große Weiden.)
Was beachtet man, wenn ein fremdes Pferd zur einer bestehenden Herde auf die Weide kommt?	☐ Kommt ein fremdes Pferd auf die Weide, gibt es erst einmal Rangkämpfe. Dann ist es gut, wenn die Pferde keine Hufeisen tragen, denn sonst ist die Verletzungsgefahr zu groß. Außerdem sollte man sich nie bei Kämpfen einmischen – es besteht Lebensgefahr!

Kapitel 20: Futtersorten und Fütterungstechniken

🐴 Warum sollte man das Pferd direkt nach dem Füttern nicht beanspruchen?	☐ Pferde brauchen, bedingt durch ihren kleinen Magen, viel Zeit zum Verdauen. Belastet man das Pferd zu schnell, kann es zu Koliken kommen.
🐴 Wie lange sollte man nach dem Füttern warten?	☐ Mindestens eine Stunde.
🐴 Wie oft wird ein Pferd gefüttert?	☐ Aufgrund des kleinen Magens füttert man mehrere kleine Mahlzeiten über den Tag verteilt, aber mindestens dreimal täglich.
🐴 Wann wird das Pferd gefüttert?	☐ Morgens, mittags und abends, wobei man abends die größte Portion gibt, da das Pferd nun viel Zeit zum Verdauen hat. Man füttert immer zur gleichen Zeit und sorgt für Ruhe beim Fressen.
🐴 Wie teilt man die Futtermittel ein?	☐ In Kraftfutter, Saftfutter und Raufutter.
🐴 Was gehört alles zum Kraftfutter?	☐ Hafer, Mais, Gerste, Müsli und Pellets.
🐴 Was sind Pellets?	☐ Hier werden verschiedene Getreidesorten gemahlen, entstaubt und dann zu kleinen Würmchen gepresst.
🐴 Was gehört alles zum Raufutter?	☐ Heu und Stroh, Heulage, Heusilage und Maissilage.
🐴 Wie sieht gutes Heu aus?	☐ Es soll von grüner Farbe, langhalmig und staubfrei sein.
🐴 Was ist Heusilage, Heulage und Maissilage?	☐ Man kann alle Grünfutterarten zu Silage verarbeiten. Dazu wird das Grünfutter in Folie gewickelt und vergoren. Heulage hat weniger Eiweiß als Heusilage. Es gibt auch Maissilage aus Mais.
🐴 Warum ist Heu und Stroh so wichtig für das Pferd?	☐ Die grobe Struktur ist wichtig für die Verdauung, für das Sättigungsgefühl und zur Beschäftigung der Pferde.

Was gehört alles zum Saftfutter?	☐ Alles, was richtig saftig ist: Äpfel, Möhren, Rüben und vor allem Gras.
Warum ist das Saftfutter so wichtig?	☐ Darin sind Vitamine, die das Pferd braucht. Außerdem ist es eine schöne Abwechslung im Speiseplan. Vitamine und Mineralien kann man auch in Form von Pulver oder Pellets kaufen.
Wie viel Saftfutter darf man füttern?	☐ Täglich nur ein bis zwei Hände voll, da das Pferd sonst Durchfall bekommen kann.
Was beachtet man zu Beginn der Weidezeit?	☐ Das Pferd darf nur ein bis zwei Stunden auf die Weide, damit es sich langsam an das Gras gewöhnt, welches sehr viel Kohlenhydrate enthält. Zu viel Kohlenhydrate führen zu Huferkrankungen, Durchfall oder auch Kolik.
Wie wird das Futter bemessen, für Pferde die nicht bewegt werden dürfen?	☐ Das Kraftfutter wird reduziert, dafür gibt es mehr Saft- und Raufutter.
Welches Zusatzfutter benötigt das Pferd noch?	☐ Wichtig ist auch ein Mineral-, bzw. Salzleckstein. Damit decken die Pferde ihren Mineralhaushalt ab. **Achtung**: Fohlen und junge Pferde vertragen keine Salzlecksteine!
Wie oft tränkt man ein Pferd?	☐ Mindestens dreimal täglich bei einem Wasserbedarf von 30 bis 40 Litern.
Was beachtet man bei der Selbsttränke?	☐ Diese muss natürlich funktionieren und sollte auch immer sauber sein. Dies sollte täglich kontrolliert werden.
Wie sollte die Wasserqualität sein?	☐ Das Wasser muss sauber, frisch und geruchsfrei sein. Im Winter kann man das Wasser etwas anwärmen.
Wie tränkt man ein verschwitztes Pferd?	☐ Man wartet, bis das Pferd abgeschwitzt ist. Sollte die Zeit dafür nicht gegeben sein, legt man Stroh auf das Wasser und/oder lässt das Gebiss im Maul. Dann kann das Pferd nicht so schnell trinken.

Präge Dir die einzelnen Kraftfuttersorten gut ein!

Kapitel 21: Die Dreiecksbahn

🐴 Was passiert auf einer Dreiecksbahn?	☐ Hier wird das Pferd an der Hand vorgestellt, um eine Eintragung in ein Zuchtbuch zu erreichen. Pferde werden auch auf Auktionen oder Körungen auf der Dreiecksbahn präsentiert.
🐴 Wie bereitet man das Pferd darauf vor?	☐ Das Pferd muss in einem hervorragenden Zustand sein. Das Fell muss glänzen, das Langhaar wird eingeflochten oder sauber gebürstet. Die Hufe sind gerundet und sauber, dürfen aber nicht gefettet sein, damit etwaige Mängel nicht verdeckt werden.
🐴 Wie rüstet man das Pferd aus?	☐ Das Pferd wird ausschließlich mit einer Reittrense vorgestellt. Bandagen und Gamaschen sind verboten.
🐴 Was muss der Führende bedenken?	☐ Der Führende trägt angemessene Kleidung und verzichtet auf Reitstiefel, da er damit nicht richtig laufen kann. Außerdem benötigt er einen Peitschenführer.
🐴 Wie werden die Zügel aufgenommen?	☐ Die Zügel werden mit der rechten Hand 3 - 4 Handbreit unter den Trensenringen gehalten, wobei Zeige- und Mittelfinger diese teilen. Der rechte Zügel wird dabei etwas kürzer gefasst. Das Zügelende wird gefaltet und ebenfalls von der rechten Hand gehalten.
🐴 Was muss man alles auf der Dreiecksbahn vorführen?	☐ Der Führende zeigt auf der Dreiecksbahn die Gangarten Schritt und Trab, als auch eine Aufstellung des Pferdes von beiden Seiten.
🐴 Wie sieht eine korrekte Aufstellung aus?	☐ Das Pferd wird vor der Stange angehalten. Der Führende stellt sich vor das Pferd, nimmt in jede Hand einen Zügel und stellt das Pferd "offen" zu den Richtern auf. Das bedeutet, dass die Pferdebeine zu den Richtern hin geöffnet sein müssen.
🐴 Welche Informationen teilt der Führende der Prüfungskommission mit?	☐ Der Führende nennt seinen eigenen Namen, den Namen, Rasse und Alter des Pferdes, als auch dessen Abstammung.
🐴 Worauf achtet die Prüfungskommission?	☐ Diese wollen Takt, Fleiß und Raumgriff sehen. Das Pferd soll sich in Schritt und Trab frei und natürlich bewegen können.

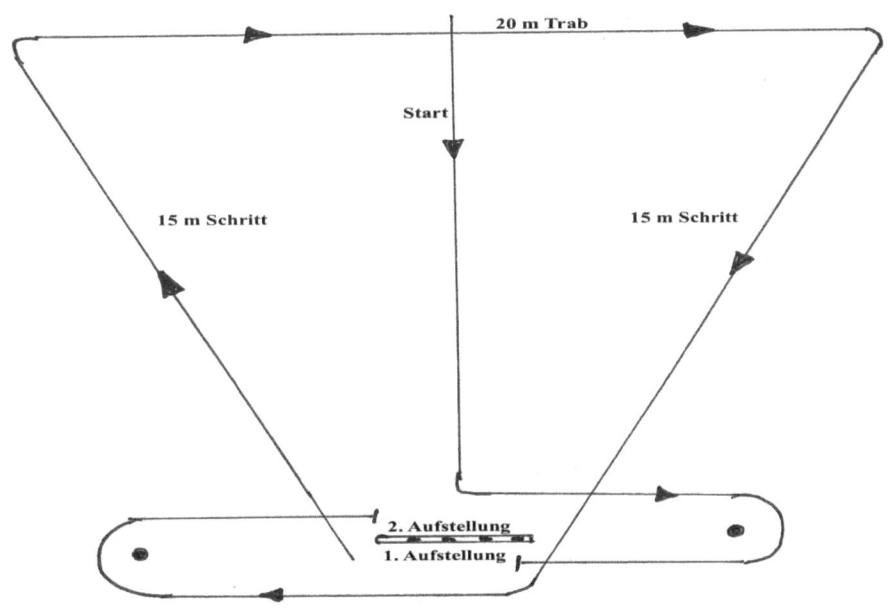

Versuche den Weg durch die Dreiecksbahn aufzumalen!

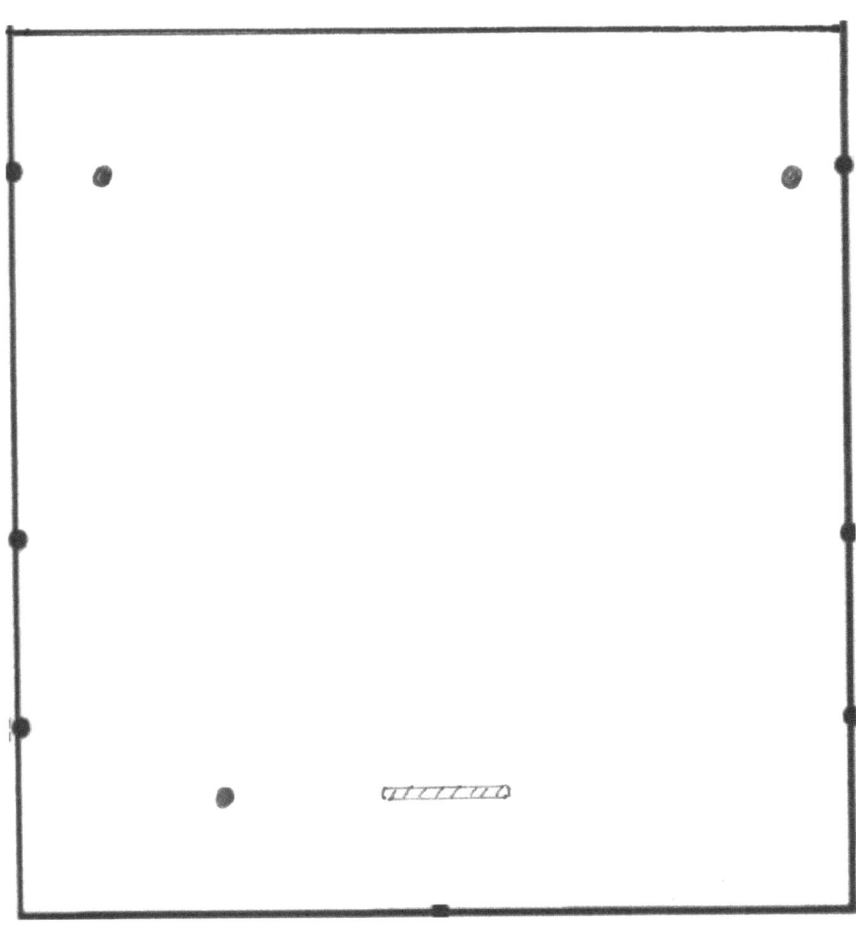

Kombinierte Dressuraufgabe für das RA 6

A – X	Einreiten im Mittelschritt
X	Halten und Grüßen
X – C	Anreiten im Mittelschritt ohne Bügel auf rechter Hand
M	Im Arbeitstempo antraben, ohne Bügel
K - M	Durch die ganze Bahn wechseln
C - A	Angaloppieren ohne Bügel
A	Durchparieren zum Trab
B	Durchparieren zum Halt – Bügel aufnehmen
C	Antraben Leichttrab ganze Bahn
Nach C	Abwenden auf die Viertellinie um die Kegel, dann linke Hand
F - E	Durch die halbe Bahn wechseln, dabei 3 Bodenricks im Entlastungssitz
Nach dem Zirkelpunkt	Abwenden auf den 3. Hufschlag zum Sprung (40 Zentimeter)
K - B	Durch die halbe Bahn wechseln
B	Abwenden zum Sprung (50 Zentimeter)
H - B	Durch die halbe Bahn wechseln, dabei Sprung (65 Zentimeter)
A	Abwenden auf die Mittellinie im Leichttrab
X	Halten und Grüßen

Trage die Dressuraufgabe in das Viereck ein!

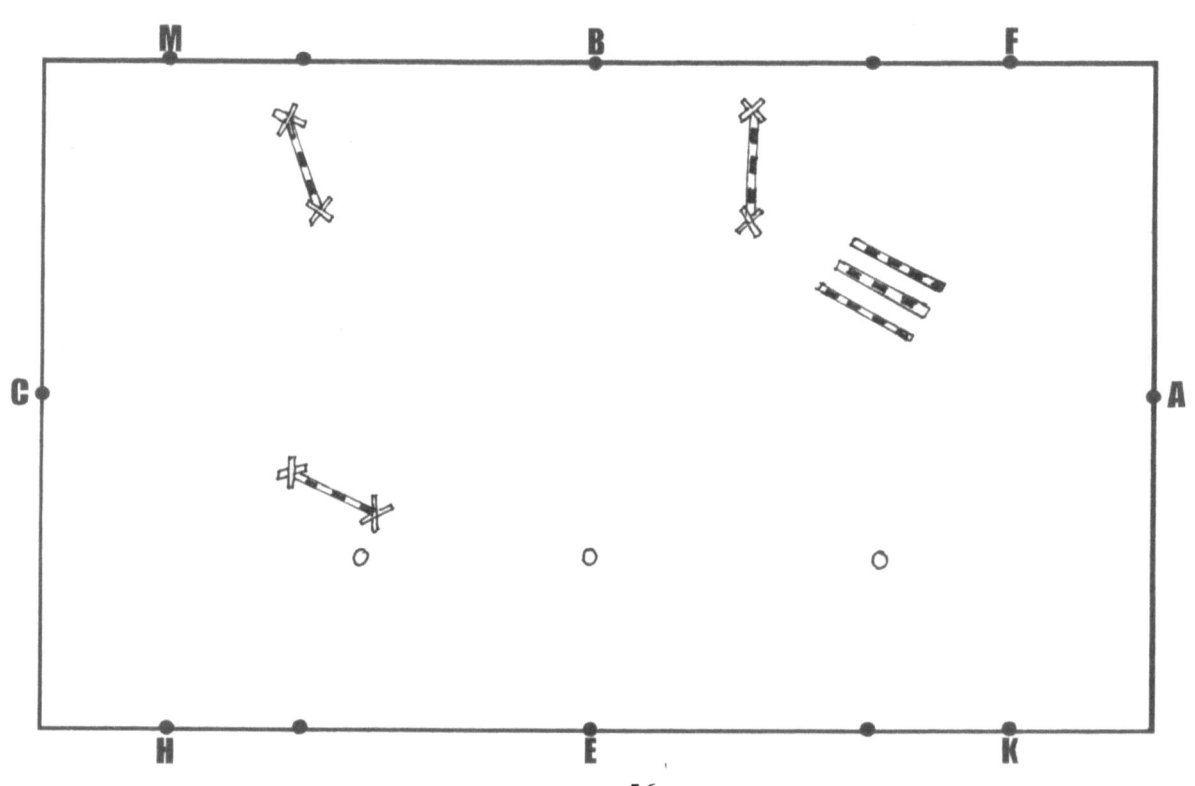

Führaufgabe für das RA 6

X	Aufstellung
X – C	Anführen, Führposition links, bei C linke Hand
H – K	Einfache Schlangenlinie
A	Abwenden auf die Mittellinie
X	Halten, Führposition rechts,
C	Abwenden auf rechte Hand
M – F	Antraben
A	Abwenden auf die Mittellinie
X	Halten, Führposition links, Anführen im Schritt
C	Volte auf linker Hand
C	Halten und Rückwärtsrichten

Trage die Führaufgabe in das Dressurviereck ein!

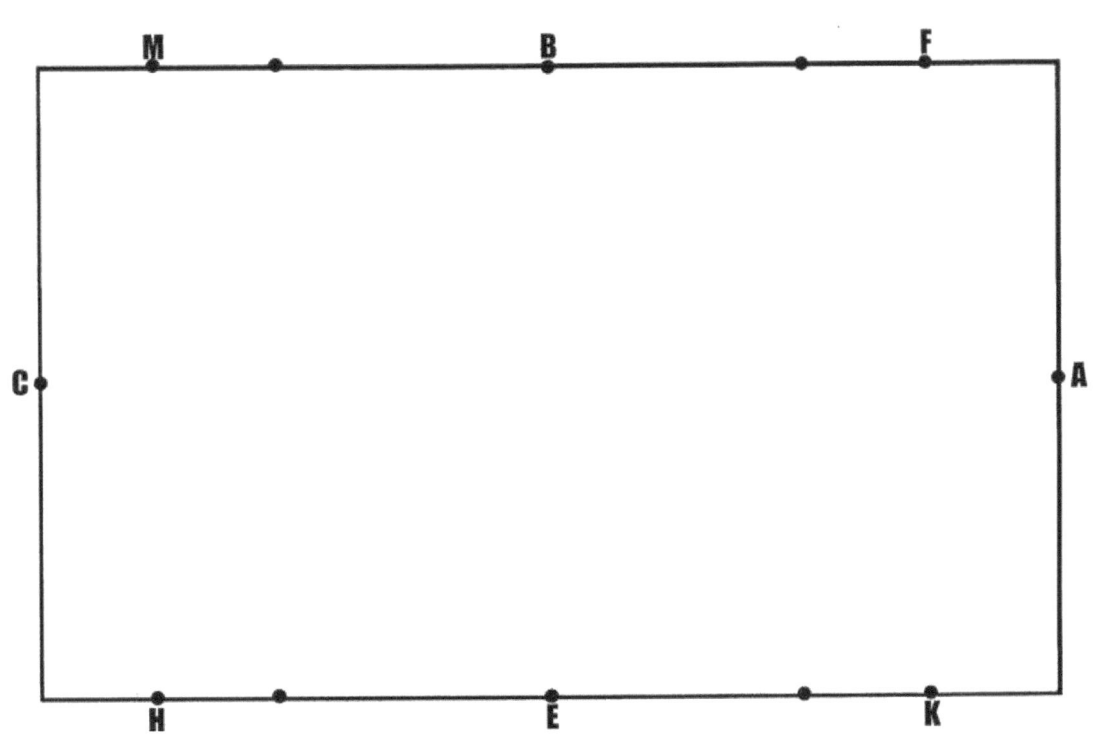

Praktische Prüfungen für das RA 6

für _____

Bodenarbeit: bestanden am:

Geradeaus beidseitig auch im Trab	
Slalom	
Rückwärts treten lassen	
Führen von Hufschlagfiguren	
Stangenarbeit	
Dreiecksvorführung	

Am Pferd: bestanden am:

Martingal anlegen	
Dreieckszügel anlegen	
Bandagen und Gamaschen	
1. Hilfe am Pferd (mit Decke auflegen)	
Erweiterte Hufpflege	
Verladen	

Praktisches Reiten: bestanden am:

Schritt und ganze Parade, auch ohne Bügel	
Leichttrab und Aussitzen auch ohne Bügel	
Durch die halbe / ganze Bahn wechseln	
Einfache / doppelte Schlangenlinie	
Aus der Ecke kehrt	
Galopp, auch ohne Bügel	
Slalom im Leichttrab	
Entlastungssitz und leichter Sitz	
Bodenricks	
Springen bis 40 cm Höhe	
Proberitt RA 6	

Theoretische Prüfungen für das RA 6

für _____

Thema:	Seite	bestanden am:
Bodenarbeit	4 - 6	
Hilfsmittel und Hilfszügel	7 - 9	
Bandagen und Gamaschen	10	
Anatomie des Schädels und Gebissarten	11 - 16	
Grundsitz, leichter Sitz	17 - 18	
Hilfengebung	19 - 21	
Hufschlagfiguren	22 - 23	
Abteilungsreiten	24 - 25	
Gangarten	26 - 28	
Lösearbeit	29	
Skala der Ausbildung	30 - 34	
Verladen	35 - 38	
Anatomie innere Organe und Skelett	39 - 40	
Geschlechter	41	
Gesundhaltung und Krankheiten	42 - 45	
Hufe und Hufschmied	46 - 47	
Haltungsformen	48 - 49	
Stallbau	50	
Bewegungsflächen	51	
Futtersorten und Fütterungstechniken	52 - 53	
Die Dreiecksbahn	54 - 55	

Impressum

© 2025 Ute Schmidt
Hamburg

Kontakt:
E-Mail: ute@tschmidt.de

Mein besonderer Dank gilt Dagmar Losz für unermüdliches Korrekturlesen.

Verlag: BoD · Books on Demand GmbH,
In de Tarpen 42, 22848 Norderstedt, bod@bod.de
Druck: Libri Plureos GmbH, Friedensallee 273,
22763 Hamburg
ISBN: 978-3-7392-4317-7